九鬼文書と
古代出雲王朝でわかる
縄文の世界を旅した

初代スサノオ

［著］表 博耀

ハツクニシラス【裏／表】の仕組み

はじめに

本書のテーマは、スサノオ（須佐之男命）です。

スサノオといえば、「荒ぶる神」「破壊の神」といったイメージを抱いている人も少なくないと思います。

それは、『古事記』や『日本書紀』の神話の中に次のような物語があるからでしょう。

黄泉の国から戻ったイザナギが禊《みそぎ》をすると、左目からアマテラス大神が生まれ、右目からツクヨミの神が、鼻からはスサノオの神が生まれました。

イザナギは三貴子の誕生を大変喜んで、アマテラスには天の国である高天原《たかまがはら》を、ツクヨミには夜の国を、スサノオには海原を統治するための支配権を与えます。

しかし、スサノオは黄泉の国にいる母イザナミを慕って泣いてばかりいて、海原を治めようとしなかったために追放されてしまいました。

そこで、スサノオは姉のアマテラスに挨拶して、母がいる黄泉の国（根の国）に旅立とうと高天原へ上っていきます。

アマテラスはスサノオが高天原を奪いに来たと誤解し、そこでスサノオは疑いを晴らすために「誓約《うけい》」（正邪を判断する占い）を行うよう提案、その結果スサノオは潔白を証明して野心がないと認められました。

そして、高天原に入ることを許されますが、スサノオは占いに勝ったことから慢心し、アマテラスの造った神田や水路を壊して埋めたり、神々が祈りをささげる神聖な神殿に糞をまき散らすなどのさまざまな悪行を働いてしまいます。

こうしたスサノオの傍若無人な行動がアマテラスの逆鱗に触れ、その結果、スサノオは髪ひげを切られ手足の爪を剝がされて高天原から追放されてしまいます。

その後、追放されたスサノオは、出雲の国の肥の川のほとりに降り、高志の国の大蛇ヤマタノオロチの生贄にされそうになっていたクシナダヒメと出会います。

スサノオはクシナダヒメの両親にヒメを嫁に貰うということを条件にヤマタノオロチを退治することを約束し、スサノオがアマテラスの弟であると知ったヒメの両親はこれを快諾、スサノオはヤマタノオロチを退治する計画を立てます。

まず、クシナダヒメを櫛の姿に変えて自らの頭に挿し、そしてヒメの両親には強い酒と8つの門を作るよう指示し、その濃い酒を8つの酒桶に入れ、8つの門の中に置くという罠を仕掛けました。

ヤマタノオロチはその酒を飲んで酔っ払い、寝込んだ隙を見てスサノオが十拳剣《とつかのつるぎ》で斬り付け、ヤマタノオロチを退治しました。

この時にスサノオの十拳剣の刃が欠け、ヤマタノオロチの身体の中から大刀が出てきたので、スサノオはこの大刀を高天原に住むアマテラスに献上、これは「草那芸之大刀《くさなぎのたち》」（草薙剣）と呼ばれました。

こうして、無事ヤマタノオロチを退治したスサノオは、櫛に変えていたクシナダヒメの姿をもとに戻し、そして二人は出雲の根之堅洲国《ねのかたすくに》へと移り住みました。

ここでスサノオが詠んだのが、日本最初の和歌とされる「八雲立つ 出雲八重垣 妻籠に 八重垣作る その八重垣を」という歌です。

その後、スサノオの子孫であるオオクニヌシが国土をつくりあげ（修理固成）、やがてアマテラスの子孫で天皇家の祖先神にあたるニニギノミコトに国を譲ることになります。

と、このように、神話の前半でスサノオの悪逆非道な行動が強調されているために「荒ぶる神」としてのイメージがついてしまったのだと思いますが、本当のスサノオは海原を統べる神であり、命がけでクシナダヒメを守った英雄神であり、最初に日本の国土を統治した長《オサ》でした。

古典神道では、そのスサノオの魂、霊的使命について昔から詳細に語り継がれています。

それを一言で述べると、初国・大海原を世界に知ろしめた御魂であり、人類を大調和へと導く縄文の海洋民、すなわち龍神（金龍）の働きです。

本書を読んでいただければ、その意味と、現代に蘇るスサノオの意義がよくご理解いただけるかと思います。

表　博耀（山蔭神齋80世）

カバーデザイン　森瑞（フォーチュンボックス）
編集協力　小笠原英晃
校正　麦秋アートセンター
本文仮名書体　文麗仮名（キャップス）

目次

第2章　隠された古代出雲王朝の歴史

第3章　スサノオの使命は森と縄文文化の継承

第4章　琉球からやって来たアマテラスと南走平家

第5章　初国を知ろしめすために

第6章　神が与えた長老民族の使命と古典神道の原理

第7章　スサの魂たちよ、万国スメラの世を開け!!

第1章　初国・大海原を世界に知ろしめたスサノオ

「表」の歴史とは別の「裏」の歴史を記している古史古伝とスサノオ

私が行じている古典神道は、『古事記』や『日本書紀』(記・紀)よりも前に書かれた『九鬼《くかみ》文書』『宮下文書』『秀真伝《ほつまつたえ》』『上記《うえつふみ》』『竹内文書』といった古史古伝の歴史観に立脚しています。

記・紀は日本の正当な歴史書(正史)とされていますが、記・紀が編纂された目的はあくまでヤマト王権を掌握した天孫族、つまり天皇家の正統性を内外に知らしめるためです。

『古事記』は、天武天皇(在位673~686年)の意志によって作成がはじまり、約30年後の元明天皇(在位707~715年)在世中の712年に太安万侶《おおのやすまろ》によって編纂されたとされ、世界の始まりから神々の出現、天皇家の皇位継承の様子など天皇家を中心とする歴史が記されています。

『古事記』の後にできた『日本書紀』は、対外向けの日本の歴史書として書かれたものですが、いずれも初代天皇の神武東征によって遷都した畝傍橿原宮《うねびのかしはらのみや》（現在の奈良県橿原市）にて即位して日本国を建国したとする、いわゆる天孫降臨の物語が中心です。

これはようするに、まだ本格的な農耕（稲作）が行われていなかった縄文社会に「五穀豊穣の祭り主」を地上に送り出したのが天孫降臨であり、天津神（天孫族）と国津神（地方の豪族）の共同事業によって日本に稲作が根付いたことで地上に高天原をつくることができたというストーリーを内外に周知するために書かれたということです。

このことから、時の為政者である稲作・弥生系の王たちが自分たちにとって都合のいい歴史を残したのが記・紀だといえるわけですが、この「表」の歴史とは別に存在するのが古史古伝です。

それは前述した文献以外にも、『東日流外三郡誌《つがるそとさんぐんし》』や『出雲国風土記《いづものくにふどき》』をはじめとする各地の風土記、さらに古くから各地方に伝わる伝承（口伝）なども含めると、記・紀の内容とは異なる「裏」の歴史が浮かび上がってきます。

したがって、日本の本当の歴史を知るためには、表だけではなく裏の歴史を知ることがとても大事です。

とは言うものの、さまざまな部族が離散集合する中で、裏と表の歴史は複雑に交錯しており、しかも後から漢字に当てはめたことで神々の名前（実在した人物）も何通りも登場するためさまざまな解釈が成り立ちます。

「高天原」の候補地にしても、関東、富士、飛騨、高千穂、阿波（徳島）などたくさんあって比定するのが困難で、読者も混乱するだけです。

その点、古典神道では、物語に記された霊統＝筋を読むことを重視すると共に、最も根源的なエネルギーの働きを読み解いていきます。

その古典神道の神話では、おおよそ次のように記されています。

創造神（宇志採羅根真《うしとらのこんじん》大神）の命によって、アマテラス率いる一族は朝鮮半島に渡り、インドを経てパミール高原あたりを目指し、ツクヨミはユーラシア大陸に渡り、黒人根国（中央アジア）で栄えて月氏《げっし》族となり、スサノオは現在のポリネシアから北米大陸にかけての広い太平洋地域に天下ると共にユーラシア大陸をまたにかけて活躍した。

また、記・紀神話の中で、イザナギが右の目を洗って禊をしたときに「夜の食国《をすくに》を知ろしめせ」と言われたツクヨミの名はそれ以降一切出てきません。

古典神道では、これはツクヨミが古代インド大陸を経て、人類共通の道徳的な教え、すなわちすべての元は一つであるという「光《こう》一元の原理」（詳しくは後述）を世界中に知ろしめにいったと解釈します。

ただし、インド大陸といっても今のインドとは違って、ユーラシア大陸とアメリカ大陸の一部を含んだ極めて広大な地域です。

こうした歴史は、天孫降臨よりも以前、つまり縄文時代に起きた出来事です。

つまりこういうことです。

●スサノオーツクヨミは、大海原で育まれた縄文の「光一元の原理」を世界に知ろしめるために古代ヤマトから世界各地に旅立った。

●スサノオが伝えた縄文の叡智は、ユーラシア大陸のシュメール（現代のイラク南部）においてスサの教えとなり、それがインドのジャイナ教や祇園精舎で説かれた釈迦の教えに引き継がれていった、ということです。

この本の主要なテーマは、その縄文の叡智を世界に伝えた「スサノオ」の働きです。

スサノオをテーマに選んだ理由は、縄文文明のような大調和の地球社会、すなわち「弥勒の世」（理想社会）を築くために、今、再びスサノオの魂を持つ人々が生まれてきていて、自らの役割・使命に目覚めつつあるからです。

五色人の長老として陽の沈む彼方に理想郷をつくるために世界中に拡散した

そこで、初代縄文のスサノオが辿った歴史をふりかえりながら、スサノオ系の魂（霊統）が持つ2つの側面から見ていきたいと思います。

念のためお断りしておくと、今から述べることは記・紀神話の内容とは違い、主に『九鬼文書』に書かれている内容に基づいています。

私が第80世を務めさせていただいている山蔭神道は、『九鬼文書』を伝える熊野本宮大社の九鬼家とご縁が深く、九鬼家は代々南朝に仕えた海洋スサ系の水軍（九鬼水軍）です。

『九鬼文書』では、記・紀の中で初代天皇とされている神武以前にウガヤフキアエズ王朝が73代続いていて、その神代からの系図が克明に記されており、古代出雲王朝の正統性が主張されています。

つまり、ヤマト王朝ができる前、縄文時代にはすでに出雲王朝ができていて、そこでは争いのない平和な連合国が長期にわたって続いていたということです。

この古代出雲王朝については後で詳しく述べますが、最初にスサノオが登場するのは、この出雲王朝ができる遥か以前です。

それはいつかと言うと、今から1万年以上前、地球が大洪水に見舞われて古代文明の洗い直しが起きた時です。

その大洪水の後に新たな縄文文明が興るわけですが、スサノオはその時に創造神（造化三神）から「大海原を知ろしめせ」との指令を受けて日本から世界に旅立っていったのです。

そして、各地で五大文明が興り、その中で最も目を見張る文化文明が発達したのがメソポタミアのシュメールで（中国ではシュメールのことを「夏《しゃく》の国」と呼びました）、そのシュメール文明を継承したインドのドラヴィダ族の子孫が日本に来て古代出雲王朝を築いたのです（詳しくは後述）。

ようするに、今から1万5000〜6000年前の縄文人たちが当時の人類の霊的な指導者、すなわち長老民族であり、その古代ヤマトの倭人たちが自然信仰に則った世界最古の調和文明を築いていた、その最古の地球文明を「初《はっ》国《くに》」というのです。

初国の倭人《わじん》たちは、海を移動する海洋民族でもあり、スサノオはその長《オサ》でした。

さらに時代を遡ると、海底に沈んだムーやアトランティスなどの超古代文明があったのでしょう。

古典神道家であった出口王仁三郎は、ムー大陸はイザナミが治めていた太平洋の黄泉島だと述べており、また最近では、幻の陸地「スンダランド」説も取りざたされています。

スンダランドとは、約5万年～4万年前に東南アジアで誕生し、氷河期時代の終わり（2万年前頃）に海底に沈んだ大陸です。かつてそこにいた人々が、台湾、沖縄、北海道、インドネシア、フィリピンを移動して日本に入ってきたと考えられています。

いずれにしても、少なくとも数千年前は今よりも海面が2～3メートルも高かったことがわかっていて、その頃の縄文人は現在よりも広範な地域を海路で移動していたことは確かです。

つまり、古代ヤマトの倭人は海の民でもあったのです。

また、現代の遺伝学でも、少なくとも4万年前の石器時代に3つのルートで日本列島にやってきた人たちがいたことがわかっています。

その縄文人由来の遺伝子の特徴は、男系のY染色体がYAP変異（多型性Y染色体）を持っていることで、これは渡来系弥生人の主な母体である韓国人や中国人には見られず、YAP変異は「親切（思いやり）遺伝子」とも呼ばれ、争いには適さないといわれています。

つまり、10数年前にアフリカを旅立ったホモ・サピエンスが世界中に拡散していった中で、争いを好まない種族たちが太陽の昇る東に向かって進み、対馬や沖縄などの南方から、あるいは北方から古代の日本列島に辿り着いて争いのない調和社会を築き、狩猟・採集・漁撈の生活を営みながら神々の世界とも繋がりあっていたのです。

古典神道ではこうした歴史観を口伝で伝えてきたわけですが、とりわけ今の時代に重要な役割を担っているのがスサノオの霊統です。

世界の古代文明はスサノオの系統とツクヨミの系統によってつくられた

ここで、私が知る大海原を知《し》ろしめすスサノオと世界の古代文明の主な流れを示しておきます（これは言わば古代文明における「表史観」です）。

まず、『九鬼文書』には「スサノオ（素盞嗚天皇）は檀君と称して朝鮮に国を建てて、その子孫が白人根国で栄えて野安押別命（ノアオシワケノミコト）

と母宇世（モーゼ）と伊恵斯（イエス）が出た」とあり、また「四方の海と五之国の主は海神の皇大神」という古神道に伝わる神歌があります。

このことから、スサノオは海神の皇大神として「大海原を知ろしめす」天命を持っていることがわかりますが、その天命をユーラシア大陸において引き継いだのが『九鬼文書』に登場する「野安押別」（ノア）です。

ノアとは白人の祖先であるアーリア人種であり、このアーリア人種がスサノオの子孫として大海原を知ろしめす皇の技を受け継いだのです。

ようするに、大陸移動と大洪水の後に興った世界の主たる文明は、スサノオの子孫であるアーリア人種（白人種）とその末裔、そして非アーリア人種の子孫たちの２つの系統によって築かれたということです。

非アーリア系の民族とは、古代日本から旅立った「月読命」（ツクヨミ）の子孫たちです。

この点を踏まえて、古代文明成立のポイントだけ記述するとこういうことになります。

まずツクヨミの子孫は、中国北方の遊牧騎馬民族である月氏族となり、その子孫である大月氏がバクトリア地方を統一してクシャーナ王朝を築き、かたや小月氏は西方ギリシャへ入り「ヘレニズム文明」の元を築きます。

また、「インダス文明」を生んだ南インドのドラヴィダ族もツクヨミの末裔で、このドラヴィダ族が出雲族のルーツとなります（これについては第2章で詳述します）。

さらに、出エジプトのモーゼやイスラエル（カナン）の先住民族であるエブス海洋民族などもドラヴィダ族と同じ非アーリア系（ツクヨミ系）の種族であり、スサノオの末裔であるアーリア、シュメール、エジプト、ユダヤ系白人種に追いやられて縄文時代の日本に入ってきてドラヴィダ族が出雲族となり、エブスは恵比寿となります。

片や、スサノオの系統（末裔）は大洪水の後のユーラシア大陸において「メソポタミア文明」（シュメール文明）を築きます。

それはユーラシア大陸が浮上後（紀元前3300年頃）で、海洋皇集団は人類史上初の都市文明であるシュメールを開き土着した、それをシュ（主）メール人といいました。

そのスサノオの子孫であるシュメール人種からやがてノアオシアケノオオカミ＝白人種が生まれた、それがアーリア人種です。

彼らはインド＝ヨーロッパ語族に属し、白色・高鼻で身長が高いのが特徴です。

イラン高原から始まったアーリア人種は、紀元前3000年頃から中央アジア、アラル海より東西へ別れていきます。

西方のメソポタミアやオリエント世界に進出したアーリア人種の中から、ゾロアスター教の開祖となるザラスシュトラが生まれます。そして原始アーリア人の宗教の中からアフラマズダーだけが崇拝に値すると主張し、それまでの多神教（光一元）から「世界は光と闇の闘争である」という善悪二元論の教義を打ち立てます。

そして祭式儀礼の簡素化が始まり、哲学化する宗教論から因果応報、終末論が生まれて、それに伴う救世主論（メシア思想）が生まれます。

ゾロアスター以降あらゆる宗教戦争が拡大していった

宗教文明による上下種族の分け隔てから移動を余儀なくされたアーリア人は、中央アジアのバクトリア地方からイラン高原のメディアに定住し、アッシリア帝国傘下に自治区をつくり、その後アッシリアを滅ぼしてメディア王国（紀元前715〜550年）を樹立。

そこで、拝火、曝葬《ばくそう》、清浄儀礼を旨としたマゴス神団を創ります。

また、メディア王国の支配下にあったペルシア人にもゾロアスター教が広がると共に、ザラスシュトラの没後千数百年後の3世紀に入るとアーリア人の民族的な信仰を基本としてゾロアスター教の教典『アヴェスター』が編纂・整備されました。

それにより、鳥葬、毒虫退散、近親婚《きんしんこん》、牛の生贄などの宗教行為が行われると同時に、ゾロアスター教義の善悪二元論と終末論はユダヤ教義、古代景教

（旧約聖書）、キリスト教義（新約聖書）、イスラム教義など他の宗教に多大な影響を及ぼし、宗教戦争は激しさを増していきます。

メディア王国以降、オリエントはメディア、新バビロニア、リュディア、エジプトによる群雄割拠の時代に入り、アケメネス朝（紀元前550～330年）、セレウコス朝（紀元前312～63年）、アルケサス朝（紀元前247～224年）、サーサーン朝（紀元前226～651年）に至るまでおおよそゾロアスター以降あらゆる宗教戦争が拡大していったのです。

片や、ゾロアスター教の最高神アフラマスダー（太陽神）は密教では大日如来となり、奈良の大仏となって信仰され、平安時代には弘法大師空海が大日如来の化身として不動明王を出現させました。

後述するように、これこそスサノオの姿そのもの（実相）であり、不動明王が右手に携えている剣はスサノオの天叢雲《あめのむらくもの》剣《つるぎ》であって、同時にこれは神代の「天国之宝剣」であり、イザナギ、イザナミから受け継いだスサノオの大海原を知ろしめす玉宝剣「アチマリカム」（後述）そのものです。

一方、西洋では3世紀のササン朝ペルシアの時代にはイラン人のマニが、ゾロアスター教をもとにキリスト教や仏教の要素も取り入れて24歳で独自の教義を確立します。

マニの両親はユダヤ教、キリスト教グノーシス派、ミトラ教、ゾロアスター、道教などを学んでおり、そのためマニは「10層の天と8層の大地からなる」独自の宇宙観を描いたマニ教義（宇宙図）を確立したのですが、これは東方グノーシス主義とも呼ばれます。

ちなみに、この東方グノーシス主義をもたらしたのはツクヨミの子孫の月氏族です。その主要な民族にサカ族やソグド人がいて、彼らは砂漠の中で水＝オアシスを求めて移動した民族です。

つまり、イラン系遊牧民でもゾロアスター教（拝火教）から水の豊かなオアシス定住民となったことで、そこから東方グノーシス主義としてのマニ教＝宇宙曼荼羅図の確立へと繋がっていったのです。

一方、インド大陸に進出したアーリア人はインド系民族となり、インド・ヨーロッパ語族の信仰であった原始ミトラ教（ミトラス信仰）を旨として、それぞれの時代毎にバラモン教義、ヒンドゥー教義（自然信仰多神教）、仏教（平等教義）などと習合されていきました。

紀元前２０００年頃にはヴェーダ聖典を成立させてヒンドゥー教（バラモン教）が設立し、天、地、太陽、風、火、など自然崇拝を説いて司祭階級制度をつくり、これが後にカーストの階級差別の元となります。

バラモン教というのは、仏教以前のヒンドゥー教に対して西洋の学者が名づけた名前で、一番上の階級である司祭がバラモン（婆羅門）であることからその名が付けられました。

また、古代神話に登場する火の神格「アグニ神」は、天に供物や霊魂を運ぶ装置として護摩を炊くようになり、これが護摩供養の起源です。

ヒンドゥー教の階級制度による人民の苦しみを解き放つべく解放運動を唱えたのが、紀元前6~5世紀に発生したイスラム系ジャイナ教とバラモン教から成る新しい仏教でした。

つまり、釈迦が説いた仏教は「人権解放運動」でもあったわけですが、その当時は新教義であった仏教もやがて5世紀頃には勢力を失い、結果として大乗教義主流となり、古来の民間信仰を継承したヒンドゥー教（自然崇拝多神教）

との一体化をはかります。

そうした変化が後の密教教義を生み出して、7世紀には大乗仏教（大宇宙論）の中から「大日経」や「金剛頂経」（密教の二大経典）が成立して、その結果、数多くの仏尊像が出現することになりました。

古代アーリア人のミトラス信仰は西と東へ浸透し各々の宗教と習合した

また古代アーリア人の信仰形態を継承したミトラス教義（ミイラ教義）は、本来は甦り、復活、生まれ変わり、不死等の救世主信仰に繋がる要素を有していたものの、紀元前1世紀頃ヘレニズム期にはゾロアスター信仰から離れた信仰形態へと変わっていきました。

その頃にギリシャ信仰と交ざり合い太陽神「ヘリオス」と同化し、さらに1世紀後半には西北インドのクシャーナ朝に伝えられて太陽神「ミイロ」となり、その後仏教に取り入れられて「弥勒菩薩」としてインド、中国を経て日本にも伝わり、聖徳太子の時代に盛んに信仰されました。

とりわけ、西方でのミトラス信仰はローマ帝国に伝播してキリスト教に習合され、後の「マリア信仰」へと繋がると共に、夏至の太陽復活を祝う儀式などは12月25日のキリスト復活祭や降誕祭など、キリスト教義にも影響を及ぼしました。

このようにキリスト教はミトラス教義の影響を色濃く残しており、ミトラス信仰が現在も健在であることはマリア信仰との繋がりによっても確かめることができます。

つまり、ミトラ信仰の東方への流れは、インドや中国を経て浄土信仰が加わり西方を浄土とする阿弥陀＝アモン信仰となると共に、浄土＝光明＝太陽の信仰形態を形成して弥勒信仰や沖縄のミロク（ミルク）、観音信仰へと繋がった。片や西方への流れは、ミトラ＝ミイラ信仰がローマ帝国のキリスト教に習合してマリア信仰やキリストの復活を願う復活信仰へと繋がったということです。

以上が、筆者による古代文明の「表史観」です。

一神教は砂漠の中で強国に虐げられたイスラエル人たちによって生まれた

シュメール人の後に出てきたイスラエル・アラブ人たちの始祖は、ヘブライ語で多数の父という意味を持つアブラハムです。

アブラハムはメソポタミアの都市国家ウルで生まれ、母親はシュメール人で、ノアの大洪水後、神による人類救済のために選ばれたとされる最初の預言者(スサの王)です。

イスラエル人たちは、アブラハムに率いられて約束の地であるカナンにしばらく留まっていたのですが、その後飢饉が続いたために、アブラハムの曾孫のヨセフの時代に隣国エジプトに移住します。

そこで最初の頃は優遇されていたものの、やがてエジプト人から差別されるようになり、重労働を強いられるなど奴隷のような扱いを受けたために、耐えきれなくなったイスラエル人たちは紀元前13世紀半ば頃にモーセをリーダーとしてエジプト脱出を試みます。

そして、当時エジプトが多神教から一神教に変わっていったことなども影響して、モーセはヤハウェ（エホバ）による一神教を奉じると共に、神との契約としての「十戒」をイスラエル人たちに示しました。

ここに、古代イスラエルから始まる一神教の原点があります。

つまり、砂漠の中で虐げられた民によって生まれたのが一神教で、すべてのものに神が宿る自然信仰（汎神論的多神教）の縄文日本にはなかった信仰形態が新たに生み出されたわけです。

これは、罪が重ねられて目的地にたどり着けない人々を「迷いから脱却させるために一神を信じさせた」ということであり、荒ぶる神としてのスサノオの勇武な武者魂（荒御魂）を示しています。

こうして、モーセの率いるイスラエル人たちはエジプトからの脱出は成功したものの、シナイ半島で約40年近くも長い間流浪することになります。

その後、アブラハムから14代目のダビデがイスラエル王国を築き（紀元前9

95年頃)、ダビデの息子ソロモンが国王を継いでエルサレムに神殿を建てたものの、ソロモン王の死後、部族間の抗争によって統一体制が崩れます。

そして、イスラエル10部族がイスラエル王国(北王国)として独立し、南のエルサレムを中心とするユダ王国に分離します(このユダ王国の人々がユダヤ人と呼ばれた)。

しかし、そのイスラエル王国の10部族もアッシリアに滅ぼされて世界中に離散し(BC722年)、またユダ王国の2部族(ユダ族・ベニヤミン族)もバビロン王国(バビロニア)によって攻撃され(BC597年)、エルサレムと第一神殿が破壊されて大半のイスラエル人が捕囚されます(バビロン捕囚)。

このような歴史的経緯から当時のイスラエル人たちが日本にやって来たとする「日ユ同祖論」が取沙汰されるようになったわけですが、日本では「ユダヤ人」として一括りにして呼ばれているもののこれは侮蔑表現で、しかも「アシュケナージ」と「スファラディ」では系統(血統)が違います。

アシュケナージはユダヤ教に改宗したヨーロッパ(白人)系で、スファラディはセム族の末裔で非ヨーロッパ系のイスラエル人です。

古代イスラエル人（失われた10部族）が日本にやって来たとされているその第一弾が出エジプト時です。

この時の離散イスラエル人が日本に辿り着いて神武天皇として記紀に記されたという説、あるいは南ユダ王国の崩壊と第10代崇神天皇との関連や、失われた10部族が百済の扶余族から出雲族となったとか、淡路島に辿り着いてソロモンの秘宝（アーク）を四国の剣山に埋めた等々、さまざまな説があります。

いずれにしても、スサノオの霊統を引き継ぐものたち（子孫）は、長い旅路の果てに先祖の故郷である日の元、太陽の昇る国へと向かい、そこで縄文社会にはなかった新たな文化を日本に持ち込んだのです。

イスラエル人が日本にやって来たのは彼らの祖先であるスサノオの故郷だったから

この点について、比較文化的な視点から学術的な論証を行っているのが、私の親しい知人でもある杣浩二《そまこうじ》氏です。

杣氏は、失われた10部族が古代日本に渡来したとするイスラエルのシャハン博士の学説に触発されて独自の研究をスタートさせた民間の研究者で、敬虔なクリスチャンでもあります。

杣氏は、古代イスラエルと中国、韓国、日本との繋がりを明確に示す証拠の一例として、イスラエル民族のシンボルである「メノラー（燭台）」が日本の神道儀礼における飾りや冠などの形態に示されていることを確認しています。

メノラーは、荒野に造られたイスラエルの幕所の聖所内を照らす明かりとして神がモーセに命じて造らせたもので、光の源である神自身を表しています。

このイスラエル人にとっての最高のシンボルであるメノラーは、スサノオが伝えた縄文の叡智である「光（神）一元」の原理を表しており、イスラエルのみならず世界各地に同様のメノラーが存在しています。

また、杣氏は日本における数多くのイスラエル文化の痕跡についても詳細な調査をしており、その内容がシャハン博士らの学説を裏づけることから、ヘブライ大学から招聘されて当地で講演も行っています。

その内容については、英語版や日本語版の著作物でも詳しく述べられており、日本語版には『サンバティヨン川と闇の山々に消えた十部族／世界文化は聖書から我々は一つの家族』『古代ユダヤ人は日本に来ていた—実証的証明—』『日本古来の神仏は「イスラエルの神」』『四大文明の神は聖書の神～宗教のルーツ～』などがあり、主旨としては私が学んできた古典神道の歴史観とも合致しています。

ご興味のある方はぜひご一読されることをお勧めいたします。

メノラー（燭台）

杣氏は、聖書と日本の関係についても非常に深い考察をされており、「元は一つ」との思いから私たちの創生神楽の活動にも賛同してくださって、バチカンの訪問（ローマ教皇との謁見）や今年6月に行ったイタリア・サンマリノ公演などにも一緒に参加してくださいました。

また、これまでの数多くの調査・研究から

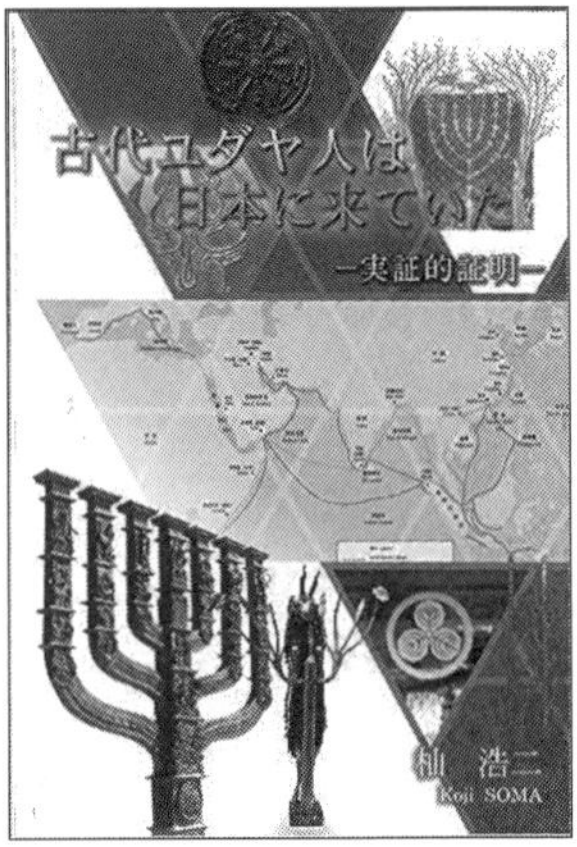

『古代ユダヤ人は日本に来ていた』

も、古代イスラエル人たちが何波かに分かれて中国や朝鮮半島を経て日本に渡来し、物部氏、蘇我氏、秦氏などの氏族として日本に同化しているのは確かで、イスラエル文化と日本語や神道（神社）、修験道（山伏）などの風習や生活様式には数多くの共通点があることも周知の事実です。

　イスラエル人たちがなぜ最果ての地である日本を目指して約1万キロもの旅路を経てやって来たのかというと、そもそも彼らの祖先であるスサノオの故郷が日本であり、その象徴が太陽の昇る国だったからです。

　前述したように、日の元（『日本書紀』や『常陸国風土記』における日高見国）が五色人にとっての母国であり、世界文明の発祥の地。この初国を知らしめるのが長老民族であるスサノオの役目であり、そのスタートが縄文日本（ヤマト）だったのです。

縄文人といっても、今の日本列島だけに住んでいたのではなく、当時は今のミクロネシアやポリネシアなどの広範な海洋地域が彼らの活動領域だったので、縄文人＝古代ポリネシアの海洋民族といってもいいかもしれません。

いずれにしても、長老民族である倭人が大海原を出て世界に渡り、それぞれの地域で文化・文明を育み、やがてその子孫たちが産卵のために生まれ故郷の川に帰るサケやマスのように自分たちの魂の故郷である日本に戻ってきたわけで、このことは『九鬼文書』の系図にも記されています。

つまり、元は一つ、ユダヤ教もキリスト教もあらゆる宗教の源は日の元・縄文です。

したがって、記・紀神話で「荒ぶる神」として描かれているスサノオやオオクニヌシの出雲王朝も元は高天原・アマテラス系と同根であり、出雲はシュメール―イスラエル文化という海外の果実の種を持ち帰って植えつけるための神との約束の地でもあったのです（古代出雲王朝については次章で詳しく述べます）。

これだけあるシュメール人と日本人の共通点

シュメール文化を継承したイスラエル人たち（秦氏などのスサ族）はユーラシア大陸を東に向かい、シルクロードを渡って途中中国の弓月でイスラエル人の国を興したり、また海路を使って最終的に祖先の故郷である日本に帰化して平城京や平安京の創設などに貢献し、それまでの日本にはなかった異国の文化や技術を接ぎ木していきました。

これは、自然と共生しながら生きていたカムナガラノミチ（縄文神道）、すなわち古典的な生活様式と、西洋の観念的な思想や科学技術を結び合わせることで、地球人類がさらなる進化を遂げるための神はからいです。

イスラエルと日本の関係についてはすでに多くの書籍が出ており、ネット上にもたくさん情報が出回っているのでこれ以上述べる必要はないでしょう。

シュメールと日本の関係について、私は何年も前から「イスラエルの後はシュメールが話題になる」と言っていましたが、案の定、今はネット上でもそのような情報が出回っているようです。

シュメール人はいきなり何処からかやってきて、その後何処に行ったのかも不明とされており、それゆえ宇宙人介入説もあるくらいですが、シュメールと日本が密接に関係していることは以前から一部の神道関係者には知られており、シュメール人が日本人と同じ黒髪であったこと以外にも次のような多くの共通点が指摘されていました。

●シュメール人は日本人と同様に、周囲からは孤立した膠着語《こうちゃくご》（「てにをは」を用いて文が構成される言語）を使い、シュメール文字は現代日本語と同じ漢字仮名まじりと同じ構造を持ち、子音のみならず母音をも記す。

●シュメール人は世界で最初に暦を作ったとされているが、縄文土器や遺跡からも二至二分（夏至・冬至・春分・秋分）の暦や方位の認識があったことがうかがえる。

●シュメールでは、古代日本と同様、神に犠牲（生贄や供物）を献げる供儀文化があった。
●シュメールの創世神話は多神崇拝かつ夫婦神で、『古事記』の天地の初めの章とも酷似している。
●シュメール王の遺跡などには、日本と同じ「太陽の紋（十六菊花紋）」が用いられている。
●シュメール人は自国を「キエンギ（葦の主の国）」と呼び、これは古代日本の「豊葦原の瑞穂の国」と同じ意味である。

「シュメール＝日本起源説」を唱えた研究者と物的証拠となるペトログラフ

日本とシュメールの共通性について最初に指摘したのは、1690（元禄3）年に来日したドイツ系オランダ人医師・博物学者のエンゲルベルト・ケンペルです。

神道を研究していたケンペルは、日本の起源は中国にあるというそれまでの学説を否定して、シュメール人が祖国滅亡後日本列島に大挙移住したとして、日本民族こそがバビロンに直接由来する最も古い民族であるという学説を唱えました。

このケンペル説を継承したのが、バビロニア語の研究に基づいて「日本人シュメール（バビロン）起源説」を発表した弁護士の原田敬吾氏で、さらにその原田説を継承発展させたのが『天孫人種六千年史の研究』の著者で伊予大三島神社に奉職していた三島敦雄氏です。

三島氏によると、天皇の古語はすべてシュメール語で解釈でき、また、古代バビロニアの日《ひが》像鏡《たのかがみ》、月像《がつぞう》の首飾り、武神のシンボルである

天孫人種六千年史の研究

剣は、日本の三種の神器に一致し、古代バビロニアに多く見られる菊花紋も旭日を美術化したもので皇室の菊花紋章に一致するとし、シュメール人が西の豊葦原の瑞穂の国から日出ずる豊葦原の瑞穂の国に移住し、彼らの理想を表現するために日本を築いたと述べています。

また、森鷗外と親交のあった医者の戸上駒之助も日本民族シュメール・メソポタミア渡来説を唱えていて、スサノオの蘇民将来説話についてこう論じています。

『ギホン川、すなわち今日のケルカ河畔のSusaに君臨したスサノオ率いるクス族が中央アジアの九相国（タクラマカン地方）を本拠にホータン（＝コタン）地方を征服し、ソミ州の王（蘇民将来）を封じたるも「海漠変象」によりさらに東方の朝鮮、日本へと向かった歴史的記憶が反映されている』（『日本人シュメール起源説の謎を追う』より）。

このように、シュメールと日本の歴史的な関連性については昔から研究されてきたわけですが、物的証拠としてはペトログラフ（古代岩刻文字）があります。

正面に向かって右側の岩には、今から四千年前の古代シュメール王朝のウルク神殿に彫られている「七枝樹」（豊穣を祈る神の紋章）を中心に、大気の神、大地の神、大地母神などに「奉る」と記されている。また左側には、大地神、母神、女神などと彫った中央に、佐賀県江北町鳥屋で見つかったものと同じ「燕」時代の甲骨文字らしいものが彫られている（淡島神社の公式ホームページより）。

ペトログラフ（海外ではペトログリフ）とは自然の岩石に刻まれた文字や文様で、日本ペトログラフ協会初代会長の吉田信啓氏などによる国内外の調査では、古代オリエント以降、環太平洋のポリネシア諸島、日本列島、イースター島、ニュージーランドなどにも分布していることがわかっています。

ペトログラフは、古代海洋民族がピラミッド型の山の巨石や祭祀場などに記した「神への祈り」の言葉ではないかと見られており、例えばは北九州の淡島神社のペトログラフには古代シュメール王朝のウルク神殿に彫られている「七枝樹」が記されています。

また、国東半島にあるペトログラフには、阿比留草文字、豊国文字、出雲文字などの漢字以前の神代文字が刻まれていたり、熊本の幣立神宮で発見された鑑石にも表に豊国文字で「アソヒノオホカミ」とあり、裏面に阿比留草文字で「ひふみ祝詞」が書かれていることは古代史ファンにはよく知られています。

古典神道家は世界古代文明の発祥の地は日本であることを口伝で継承してきた

さらに、下関市の彦島八幡宮にある遺跡のペトログラフは、セム語系（シュメール・バビロニア文字）と北方ツングスのエニセイ文字系のものが入り混じったもので、吉田氏によると、これは太陽神を守護神とする部族が神に自分たちの子孫の繁栄を祈願したと解釈できることから「この文字を書き残したのはシュメール人の子孫に違いない」と断定しています。

このような神代文字やペトログラフは世界各地で発見されていることから、吉田氏はシュメール文字やバビロニア文字などの類似性と時代考証に基づいて、「シュメール、インダス、黄河文明の淵源こそ縄文日本である」と述べ、関連書籍も多数出版しています。

この点に関して、古代史並びにピラミッド研究家でもある鈴木旭氏も次のような理由から、「シュメール人が日本にやってきたのではなく、日本列島からシュメールの地へ渡ったと考えたほうがよいのではないか。日本列島こそ世界の古代文明の発祥の地であったと仮定すればいろいろな謎や疑問が解明されれる」と述べています（『日本超古代文明の謎』）。

●粘土板に書かれているシュメールの楔形文字は国家の会計記録のために用いられているのに対して、日本のペトログラフ（シュメール文字）はより原始的な巨石太陽信仰との関連や神への祈り（宗教性）を示す文字が多い。
●日本にあるペトログラフの遺跡の年代はシュメールよりも古く、しかもシュメール文字以外に古代ペルシア文字、ギリシャ文字、エジプト文字、ポリネシア文字、中国の甲骨文字、神代文字など世界各地の古代文字が混在している（世界の言語の元は日本にあった）。

この「世界古代文明の発祥の地は日本である」という見方は、私たち古典神道家が代々先達から伝え聞いてきた口伝伝承とまったく同じで、世界各地のペトログラフがみごとにそれを裏づけているのです。

ようするに、縄文土器がシベリアからヨーロッパへ伝搬し、北欧のエストニアからも紀元前7500年頃の縄文土器が発掘されているように、神の勅令を受けたスサノオの一団が初国・大海原を知らしめるためにユーラシア大陸を西へ渡って縄文の叡智を伝え、オリエントの地に西洋文明の礎となる都市文化を築いたということです。

もちろん、それはユーラシア大陸だけではありません。

最近の遺伝学の研究でも、カナダからアメリカ、メキシコ、ペルー、ブラジル、最南端のチリに至るまで、いわゆるアメリカインディアンのDNAが縄文人のミトコンドリアDNAと一致しているように、古代ヤマトの縄文人（倭人）が世界各地に移動して交配したことは疑いようのない事実です。

大海原に旅立ったスサノオ一行は、さまざまな地域で混血を繰り返し、魂のバトンを後任のスサの王に引き継ぎ、灌漑農業、青銅器の加工技術、法や政治制度の整備といった都市文化を築き、幾多の戦乱や異民族との軋轢を掻いくぐりながらそのバトンを知恵深いユダヤ人たちの手に委ね、何波かに分かれて祖先の故郷である日本に辿り着いたのでしょう。

彼らが築いた近代ヨーロッパ文明のベースには、ヘレニズム（ギリシャ思想）とヘブライズがあるといわれますが、後者はユダヤ・キリスト教の一神教と啓示解釈を意味します。

その一神教は砂漠で生まれ、唯一絶対なる神との契約に基づくことから「父性の宗教」ともいわれます。また西洋思想も理性と啓示が普遍的なテーマですから、西洋はいわば左脳型の父性原理に基づく文明です。

それに対して、四方を海という自然の城壁で守られ、豊かな森の中で命の水を豊富に得ながらさまざまな種族が平和裏に暮らしていた縄文文明は、穏やかな母性型の社会でした。

つまり、神の慈愛のもとで調和的に生きていた縄文人が、さらなる魂の成長を遂げるべくあえて父性的な白人の根国を治めるために大陸に進出していった——それが歴代のスサノオの宿命だったのです。

力による支配や現代文明の闇を光に還すのが初国・縄文神道の役目

「郷に入っては郷に従え」といわれるように、大陸に渡ったスサノオたちは母国とはまったく異なる土地の慣習や風俗にあった行動を取ることによって、白人社会の統治者としての役割を果たしていきます。

しかし、光あれば必ず影が生じるように、結果的にそのスサノオの荒ぶる所業によってアマテラスが岩戸に隠れてしまったのもまた事実。

そこには、霊力を持つ女性たちを力づくで支配したり、レイプするなどの残忍な行為を行った男たちもいたでしょう。

とりわけ、物質文明が発展するにしたがって目先の欲に心を奪われ、力こそ正義という価値観が生まれて弱いものが虐げられ、極端な父性社会の弊害が生じた――それが今日の現代社会です。

近代文明の負の遺産は、森や自然を徹底的に破壊し、異民族や先住民を力づくで侵略したり、長い間奴隷制度や女性差別を続けてきたことですが、このような暴力性や序列社会はスサノオ（男性性）の荒ぶる所業といえるかもしれません。

しかし、それは本来のスサノオのエネルギーの働きではなく、人間としてのエゴです。

人間は創造神（祖神）の愛によって生まれたものですが、愛が在るがゆえにそこに憎しみや妬み、嫉みが生まれ、やがて神の愛を見失ってしまう、すなわち罪穢れが生じてしまうのです。

本来のスサノオの役割は、いのちの源泉である水を守ることで治水や灌漑をしたり、また植樹によって森を保護することで人々の暮らしを豊かにすることです。

それは、すべては同じ光から分かれた存在であるという「光一元の原理」に則《のっと》った大調和の生き方だからです。

実際にそのようなスサノオの働きをみごとに果たした王や部族も多かったのですが、中には他者を支配するために人々の崇敬の対象であった太陽神を利用して、「我こそが太陽である」と圧制を敷いた権力者もいたのも事実です。

しかし、それは人間であるがゆえの業（カルマ）です。

ここに物事の二面性があるわけですが、この極端なズレを修正するのも、また長老民族である日本人の役目です。

つまり、闇を光に還すこと、これを古典神道では「光一元の原理」といいます。

光一元とは、すべてのものは光から生じており、闇もまた光の一部だということです。

それゆえ、人類も人種や宗教の違いを超えて皆家族であり、皆平等である。

虹の本質が光であるように、その光が空気中の水滴を介して（反射して）7色に見えるだけで、色の違いは周波数（役割）の違いに過ぎず、人もまた己の役割を果たすことで光の一部として輝く。

よって、スサノオたちの荒ぶる所業としての力による支配、現代文明の綻びや歪みといった闇も、祓い清めによって光に還す必要があり、それこそが初国・縄文神道の役目です。

長老民族である私たちが闇を光に還さなくて、いったい誰がやるのか⁉

「日本が世直し・弥勒の世のひな型である」というのはそういう意味です。

ここであえて「縄文神道」と述べたのは、現在の神道はこれまでの歴史的かつ政治的な事情によって古典（原始）的な神道とは違っている面があるからです。

詳しくは前著（『古典神道と山蔭神道　日本超古層【裏】の仕組み』）を読んでいただければと思いますが、簡単にいうと、現在の神道は官僚制的な色合いが強くなってしまっていて、最も大事なのは縄文時代から続いている自然信仰や自然の摂理を範とする霊学や生活様式であり、それはむしろ原始・縄文神道と呼ぶ方がふさわしいからです。

縄文的な古典神道には次のような特徴があります。

●すべてを抱きまいらせる母性原理（光一元の原理）

●万物に神霊が宿る汎神論（アニミズム）

●国つ神・天つ神共に供養し祀る心（敬神崇祖）

●自然の摂理に則った生活様式（祓い清めと循環）

●異文化・異民族ともムスビあえる和合の精神（和合礼道）

●神仏混合の修験道の世界観と行法（霊学と菩薩行）

第2章　隠された古代出雲王朝の歴史

宗教以前の霊性を有している初国・日の本

前章では、日本から旅立ったスサノオ一行が世界中を駆け巡り、やがて先祖の故郷である日本に戻ってきて新たな文化を接ぎ木したという話でしたが、『九鬼文書』によると、ツクヨミ（月読命）の一行はインド（月氏国）に行って月氏《げっし》族になり、海洋民族であるサカ族の王子・釈迦はその月氏族の子孫であると書かれています。

つまり、2500年前にできた仏教は、夜という精神性を司るツクヨミの霊統によってつくられたもので、これも元を辿れば縄文ヤマトから出ているということです。

ただし、いくつか存在する古史古伝でも神代の歴史は微妙に違っていて、『竹内文書』ではイエス・キリストや釈迦（仏陀）なども太古の日本に渡来して教えを学び、その成果を故国に持ち帰ってキリスト教や仏教を広めたとあります。これも歴代のイエスや仏陀がいたということです。

しかし、大事なのは大筋で理解することであって、太古の日本が世界文明の発祥の地、その起源であったという点ではどれも同じです。

よく、日本は「東西両文明の終着地点」だといわれますが、これは誇張ではなく、日本がすべての文明の起源であるからこそ東西2つの流れが折り重なるようにして発展を遂げたわけです。

ヨーロッパ文明からみると、日本は極東（Far East）であると同時に極西（Far West）の国ですが、西洋の文明も東洋の文明も陸のシルクロードと海路を通って波紋のごとく伝播しながら終着点である日本にやって来ました。すなわち、地球のヘソです。

イスラムやインド、中国に興った東洋思想は、日本において自己の内なる神性・仏性を顕現する形で独特の発展を遂げ、一方、西洋文明は「光は東方より」の言葉通り、シュメール、バビロニア、エジプト、ギリシャ・ローマからヨーロッパに伝わり、やがて大西洋を渡ってアメリカ大陸へ、さらに太平洋を渡って日本に到着し、主に科学技術分野において発展を遂げました。

それと同時に、日本の文化や古典思想が欧米やアジアに多大な影響を与えたことは歴史的にも明らかです。ということは、世界の文明は日本の地においてみごとに融合したわけで、これはもともと日本から発したものが帰巣本能によって故郷に戻ってきたということです。

したがって、古史古伝の歴史描写の多少の違いはともかく、『古事記』や『日本書紀』には書かれていない古典神話の大筋だけはしっかりと受け継いでいくことが大事だと思います。

中でも、古典神道の世界では大前提として重んじている「世界の宗教の源は一つ」であるという考えは特に重要です。

その根底にあるのが「光一元の原理」で、これは縄文の太陽信仰と同じです。太陽は万物を平等に照らしながら地球上のすべての生物にエネルギー（ヒ＝光・陽・火・水・霊が極まったもの）を与えてくれていて、とりわけ農耕民族にとってはその存在価値は大きく、それがアマテラス信仰に繋がります。

物理的に見ても、この世に存在するものの根源はすべて光です。周波数の違いがそれぞれの物質の特性を現しているだけで、そこに本質的な違いはなく、どちらが優れているとか劣っているということはありません。

ですから、どのような文明や宗教であっても、神とは？　自分とは一体何なのか？　を忘れないためにその大元の教え（光一元の原理）を後世に伝えていくことが大事で、それが本来の宗教の意味です。

最も古い宗教といわれるゾロアスター教は、火を重んじる宗教ですが、これはアルメニア地方ではガス油田の山から噴き出ている火を灯台代わりとしていて、この火を神の型示しとして尊んでいたからです。

つまり、火を祀るマスターがゾロアスターの語源で、日本の自動車メーカー「mazda」の社名の由来はこのゾロアスターで、創業者が松田さんだからではありません。

ゾロアスターとほぼ同時期に興ったミトラ教は、弥勒菩薩のルーツで、本来は愛と慈悲の教えです。これは創造神が人々に理想郷をつくるために「至福を与える」と言ったからですが、それが新約聖書になる時に「ありとあるもの」に変わってしまって、神の子としての意識が損なわれてしまいました。

その点、光一元の原理を継承してきた古典神道では、私たちは皆光であり、神の子なので青々と大地に茂るさまを表す言葉として「青人草」と呼びます。

この光一元の原理は、宗教が生まれる前の「霊性」でもあり、その霊性という光の種を世界に届けたのが縄文の海洋民、倭人だったのです。

文明は海の向こうからやって来たのではなく、元々すべて縄文日本にあった

縄文の海洋民、倭人は、さまざまな地域に入植しながら、それぞれの土地で独自の文化を築いていきました。

それゆえ、神様の名前にしても、祖神である根源の光（ヒ＝霊）から分かれた一柱ごとのエネルギー体の働きによってさまざまな名前がつけられており、記・紀の原点ともいわれるホツマツタヱのあわうたやカタカムナの図象文字なども、そうした万物の生成化育の原理を表しています。

また、聖徳太子・役行者・空海などによって継承されてきた神仏習合思想

（権現思想）でも「仏が神の姿で現れて人を救う」という本地《ほんじ》垂迹説《すいじゃくせつ》やその逆の「仏は神の化身である」という両義的な捉え方をします。

これは、光のエネルギー体として見れば神も仏も同根だからです。

したがって、スサノオにしても、記・紀による物語はあくまで後付けであって、本来は根源的な光（創造神）から派生した海や水を司るエネルギー体であり、龍神と同体です。

このように、古典神道では既存の学説に捉われず、個々の神々（エネルギー体）の役割や筋を見ながら歴史を俯瞰的に捉えます。

たとえば、弥勒仏にしても、インドや中国よりも前のペルシアのマニ教がルーツであり、さらにマニ教に影響を与えたミトラ教の流れです。

また、縄文土器に描かれた螺旋（渦）や世界の神話に出てくる太陽（菊花）紋を見てもわかるように各国の王家も世界中繋がっていて、グノーシスの十字は物質と霊の2元からなる宇宙を示すシンボルマーク、それが変化したのが卍やキリスト教の十字架になり、日本では島津家の家紋となっている……こうした霊学を継承していくのも古典神道の役割です。

あるいは、古神道では縦は時間軸、横は空間軸と説き、その時間と空間が動いて（地球の自転）尾を引いている様を卍で表したり、また言霊、鎮魂法などの霊術を後世に伝えてきたのも縄文神道の流れを汲む古典神道家や修験者たちで、彼らはヒ＝日・霊を知る「ヒシリ」（聖）や「日継」（ヒツギ）などと呼ばれました。

そのように、すべての元は一つ（光）であって、それが時代や地域、先達によって多様な形に変化《へんげ》するという理《ことわり》を後世に伝えるのが長老民族としての務めであり、宗教以前のすべての霊性の種を有している今の日本なのです。

つまり、文明は海の向こうからやって来たのではなく、元々すべて日本にあって、その一粒種（霊学・霊術）が聖たちによって世界に拡散し、それぞれの地域で花を開かせたということです。

当然、その先達である聖たちも元は一つですから、別々に旅立ってもいつか必ず惹かれあう運命にあります。

スサノオの子孫に当たるイエスも、５００年の隔たりはあるもののツクヨミの子孫に当たる釈迦の教えを学びたかったに違いありません。

日本に最初に連合国を築いた出雲神族の王はインドのクナト大神だった

前章では、シュメールの流れを汲むスサノオの子孫たちが新たな文化を日本に持ち込んだと述べましたが、最初に日本に戻ってきたシュメール系出雲神族の王は、クナト（久那戸）大神でした。

クナト大神とは、紀元前2000年頃までインダス文明（メソポタミア文明と交易のあったインド北西部）のクナ国に住んでいたドラヴィダ族（クナ族）の王のことです。

インダス文明を築いたドラヴィダ人は、地母神信仰、水・樹木・生殖器などの自然崇拝、龍蛇（コブラ）信仰、ヒンドゥー教に繋がる獣類神（シヴァ神の原型）、巨石・勾玉文化、ヨーガや沐浴の風習など高度な文化を育んでいたと考えられています。

ドラヴィダ人のクナ国は、北方から南下してきたアーリア人の侵攻を受けます。

そこで、商人から「大陸の東の海中に住民の少ない温暖な島がある」と聞いていたクナト王は、数千人のドラヴィダ人を従えて北東に向かって移動し、バイカル湖からアムール川を下り、樺太経由で日本に渡って東北から日本海沿いに南下して古代出雲地方（日本海側の高志国＝越の国）に辿り着きます。

彼らは八つの支流（八岐大蛇伝説のモデル）に分かれた良質な砂鉄が豊富に取れる「黒い川」と呼ばれた斐伊川《ひいかわ》周辺に定住し、インダス文明から持ち込んだ野ダタラという製鉄法で農耕器具などの鉄器や武器を作り、陸稲作を行い、製布（織物）技術などによって日本の地に恵みもたらしました。

こうして、ドラヴィダ人は今から約4000年前に日本海地域に定着して、先住民（当時の縄文人）に鉄器文明や陸稲農業などを伝え、人々の暮らしを豊かにすることで出雲の王となりました。

これが日本で最初に連合王国を築いたシュメール系海洋民族・出雲神族（＝国つ神）です。

最盛期の出雲王国の統治範囲は、現在の出雲地方よりも遥かに広く、北九州、中国地方、四国、近畿、越（北陸）、東北地方までの広大な地域をカバーしていました。

ようするに、古史古伝に記されている神代のウガヤフキアエズ王朝とは、東北や北陸地方なども含む日本海側の古代出雲族が統治した地域の国々であり、『出雲国風土記』では高志（古志）、美保の郷などと書かれていて、「越の国」とも呼ばれました。

つまり、この越の国が古代出雲王朝で、「ナガスネヒコ」はそれぞれの地域でお祀りされていた土地神様を一つの神様に統合して体系化した名称だったということです。

このナガスネヒコとは山で生活をしていた山守（山窩《さんか》や山伏）たちのことですが、その姿が長い脛のような形（長背嶺）をしていたことからそう呼ばれ、これが後に旅人が脛に巻いたハバキ（脚絆）、つまり足の神様＝アラハバキ神として東北地方に祀られるようになります。

そして、信濃に建御名方命、大和に登美（トミ）族、加茂（鴨）氏、三輪氏などの出雲族の分家ができ、それぞれが土着の民と融合して地方の支配者となり、各地の分国でオオクニヌシ（大国主命）と呼ばれました。

オオクニヌシは代名詞で、別名がオオナムチ、ウツクシタマ、アシハラシコオ、ヤチホコ、オオモノヌシなど数多くの名前があり、オオクニヌシは17代にわたって何人もいたのです。

古代出雲王朝の末裔である出雲井社・富當雄氏による伝承

古代出雲王朝の末裔である出雲井社の故・富當雄《とびまさお》氏は、代々口承によってこうした裏の歴史を語り継ぎ、出雲王朝の始祖クナトの神こそが真の大国主であり、出雲神族は57代も続いたとして次のような伝承を残しています。

●出雲神族はインドから稲の種を持ち込み、自分たちの国を「出芽《イズメ》の国」と呼んだ。

●出雲神族は龍（蛇）を信仰する龍蛇族で、出雲神族の紋章はバビロンの龍蛇神マルドゥクのシンボルと同じだった。
●出雲王国は武力による統一王国ではなく、同じ信仰によって結ばれていたため、出雲王国（連合国の間）では戦いの歴史はなかった。
●クナト神の直系である富家は、各地の豪族を「言向《ことむ》けた」（言葉による説得）ことから向家《むけ》と呼ばれた。
●出雲族は年2回、春分の日と秋分の日を元日として、半年を1年とした（春から始まる半年を夏歳1年、秋から始まる半年を冬歳1年とする出雲暦）。
●出雲王国は各地の豪族の娘と結婚（複婚）する縁結びによる弱い連合体で、主王を「オオナモチ」、副王を「スクナヒコ」という職名で呼んでいた。
●出雲族は毎年10月に各地の首長（カミ）が出雲に集まり、その年の収穫物の分配について話し合ったり、祖国（インド）を偲んで龍蛇を祀るのが習わしだった。
●紀元前２００0年頃、牛をシンボルとするスサ族（徐福集団＝天孫族）がメソポタミアから朝鮮経由で渡来した。

●そこで牛族対龍蛇族の宗教戦争が起き、それが「ヤマタノオロチ退治」伝説となった。

●出雲神族は、その後の天孫族との長い闘争の末に帝位を奪われ、やがて滅亡した。

●「国譲り物語」とは、2000年ほど前に天孫族の使者として日向からタケミカヅチ（武甕槌命）がやって来て、稲佐の浜で矛（ホコ）を突き立て、「否《いな》、然《さ》」（イエスかノーか？）と迫った事件で、そこで出雲の大国主は降伏し、抗議の自殺をした。

●出雲神族の大祖先はクナトの大首長（大神）で、女首長はアラハバキ（幸姫命＝サイヒメノミコト）だったが、体制側によって二人が抹殺されそうになり、クナトの大神は地蔵に、アラハバキは弁財天に変えさせられた。

●出雲神族の神裔たちには、オオクニヌシやコトシロヌシ、ホアカリなどがいた。

●天孫（日向）族が東征してきた時、出雲神族のアジスキタカヒコが導いたが、このカラの子と呼ばれた八咫烏は出雲の人々を裏切った。

●武烈天皇の代（第25代）で天孫族の神武王朝は断絶し、国が乱れたため、出雲神族は頼まれて天皇を出し、継体天皇～宣化天皇までは出雲神族であった。

消された出雲神族の王家であるトビ（富）一族とウガヤフキアエズ王朝

こうした出雲神族の歴史については、『〈新装版〉謎の出雲帝国 天孫族に虐殺された出雲神族の屈辱と怨念の歴史』（ヒカルランド刊）、『出雲と大和のあけぼの』『出雲と蘇我王国』（共に大元出版）などにも詳しく書かれていますが、古典神道の歴史観からすると、

この古代出雲王朝を築いたドラヴィダ族（クナ族）は海神・龍蛇神を祀るスサノオ系であると同時にインドに入ったアマテラス系の氏族とも融合していると思われます。

トビ（富）一族の伝承によると、富家（向家）は出雲神族の東の王家で、西の神門臣王家と共に極めて広範囲にわたる出雲王朝（古代ヤマト連合＝越の国）を長期にわたって平和裏に統治していたそうです。

この連合体としての古代（縄文）出雲族に共通していたのは、クナト大神とアラハバキ＝幸姫命による「サイノカミ」（幸の神）の夫婦神で、さらに夫婦神の子としてインドのガネーシャ神をモデルにした長い鼻（男性器）を意味するサルタヒコの三神で、夫婦円満と子孫繁栄を強く願っていた出雲族はこの三神をとても大切に信仰していました。

そこに、後から上陸してきたシュメール－ユダヤ系の好戦的なスサ族（スサノオ）＝徐福集団が越の国の出雲族に戦いを挑み、争いを好まない越の出雲族が最終的に降伏したことでやがて出雲王朝は滅び、それまでの歴史が封印されてしまった――これが記・紀神話の「国譲り」の実態です。

　そして、その勝者によって新たに『古事記』や『日本書紀』が編纂され、出雲族による神代の歴史が消されてしまったため、出雲系の氏族たちの手によって密かに先祖代々の歴史が神代文字によってかろうじて残されてきた――それが古史古伝です。

　とはいえ、古典神道から見たら、出雲族も天孫族も元を辿れば同じシュメール系の海洋民族で、海と水を司るスサノオの系統です。

　先祖を辿れば皆同じ縄文の倭人であり、経て来た地域や文化こそ違えども同じ先祖の故郷に里帰りしてきた部族同士であることには変わりありません。

　しかし、先住出雲族（国津神）と後からやって来た天孫族（天津神）の決定的な違いは、後者にあたるBC200年頃（秦の時代）に大陸から朝鮮半島経由でやってきたユダヤ系の徐福集団は、騎馬民族の血筋でもあったため権謀術数や軍事に非常に長けていたことです。

　その徐福一団は、出雲王国の誕生から約480年後、始皇帝に航海の費用を出させて山東半島から日本に向けて船出を試みます。

　徐福が率いたのはユダヤ人の童男、童女、工人を含む大船団で、のべ300

0人を超える大移民船団が2度にわたり、山東省から日本海を渡って出雲の隣の石見国と筑紫国に辿り着きます。

石見の海岸（五十猛海岸）に到着した数十隻の大船団、そこから隊を成して次々に上陸して来た彼らは、養蚕や機織りの技術を持っていたことから秦族・秦氏と呼ばれました。

「国譲り」神話の裏には徐福がホヒを使って政権転覆を図った悲劇があった

徐福が来日する前、出雲王国を偵察するために使者を送っていたのがホヒ一族です。

先発隊のホヒ（穂日）とタケヒナドリ（武夷鳥）が、青銅器の鐘を献上するなどして出雲王国にうまく取り入り、その後上陸した徐福はホアカリ（天火明）を名乗り、西出雲国王の高照姫（稲田姫のモデル）と血縁関係を結んで王族となります。

出雲王国は、大王（大国主）と副王（事代主）の役職を富家（向家）と神門家（郷戸家）が交代で担う連合共和国制で、当時の出雲王国のオオクニヌシ（大王）は、西出雲王国・神門臣家の第8代のオオクニヌシで、スクナヒコ（副王）は東出雲王国・富家のコトシロヌシ（事代主）でした。

徐福は重臣となったホヒとタケヒナドリの親子に時のオオクニヌシ（出雲王国8代目大王八千矛）とコトシロヌシを拉致させて幽閉し、枯死させて政権転覆を謀ります。

この時、オオクニヌシはコトシロヌシに「これ以上出雲人が殺されるのを見るのはしのびない。国（王位）を天孫族に譲ろうと思うがどうだろうか」と相談したところ、コトシロヌシは「私は反対ですがお父さんがそう仰るのなら従いましょう」と答えると、天孫族への呪いの言葉を残し、敵将の前で海に飛び込み自殺。そして、オオクニヌシはウサギ峠のほら穴に閉じ込められて殺されてしまいます（夜見ヶ浜の枯死事件＝黄泉の国の由来）。

突如として主王と副王を同時に失うという前代未聞の事件が起こり、東西の出雲王家は非常に大きな衝撃を受けます。

事件後、出雲族の半数近くが両王家の分家に従って各地に移住。事代主とヌナガワ姫との間に生まれた王子のミナカタノトミノ命は、徐福勢力（天孫族）に抵抗し続け、母ヌナカワ姫の出身地である越の勢力を背景に信濃に入り、諏訪地方に第二出雲王朝を築きます。

しかし、この悲痛な出来事は、のちに「事代主命は父神に対し『この国は天つ神の御子に奉り給へ』と答え、大国主命はその意見通り国土を皇孫に奉献した」とされました（「国譲り」神話）。

徐福は枯死事件の後、一旦秦に帰国します。そして、その後再び九州・日向に向かい、吉野ヶ里に建築技術や青銅器武器などの新土器文化を持ち込んで築秦王国を作ってニギハヤヒを名乗り、ここからニギハヤヒを始祖とする物部氏が生まれます（のちに秦氏とも呼ばれる）。

一方、徐福と高照姫との間に生まれた五十猛は、京都の丹波に移住して海部氏となり、登美家とともに海部《あまべ》王朝をつくると共に、出雲王国第8代目スクナヒコ（副王）の事代主の息子・クシヒカタ（奇日方）が、ヤマトの地に新たな王国をつくるため葛城に移住します（紀元前2世紀頃）。

そして、東西の出雲王家の人々もヤマトに移り住み、丹波にいた海部家もやって来て出雲族と共にヤマトを開拓しました。

出雲族は海部家と協力関係を結ぶために、婿養子に徐福の孫にあたる海村雲（アメノムラクモ＝神武天皇のモデル）を迎え入れ、政治共同体としてヤマト政権（ヤマト王朝）が発足し、海村雲がヤマト政権の初代大王になりました。

こうして発足したヤマト政権は、初期の頃は出雲族の信仰によって国がまとまっていたものの、それを武力によって力づくで占領したのが日向にいた徐福の子孫たちです。

7代目の神武が率いる徐福・物部勢力は、出雲族が「カラの子」と呼んでいたヤタガラス（アジスキタカヒコ）を味方につけて九州からヤマトに乗り込み（神武東征）、和解と見せかけては次々と出雲人たちを殺傷し、ヤマトの王のトミノナガスネヒコは傷ついて出雲に逃れ、亡くなります。

その結果、物部勢力は徐福の孫の村雲を初代天皇と位置づけ、「天孫降臨」（天＝徐福・孫＝村雲）とし、三種の神器「天叢雲（＝村雲）之剣」の神話として語り継いだのです。

かくてクナト大神の信仰は隠され、記・紀の創作によってクナト神はイザナギに、幸姫命はイザナミや瀬織津姫に変えられて、古代出雲の正統な歴史は封印されました。

その後、神武から数代目の天孫族の王たちは、出雲族の反乱を防ぐために出雲王家の娘を娶り、出雲人は現在の出雲（島根）・北陸・関東・東北などに分散させられました。

しかし、天孫族のヤマト王権は民衆からは信頼されず、そのため得意の武力で東国や朝鮮を制圧するなどして政権を掌握し続けようとしたものの、内政的な混乱が続いたため、やがて天孫族の王朝と出雲族の王朝の交代が続くことになります。

結局、物部王朝は仲哀天皇（14代目）で代が途絶え、継体王朝（26代目）からは出雲族の王朝が復活したものの、天武天皇（40代目）の命によって記紀が編纂され、これらが正史とされたことで古代出雲王朝の歴史は封印されてしまいました。

女首長アラハバキは東北の国名になり、最後の出雲国「日高見国」も滅ぼされた

　そのため、国内向けに書かれた『古事記』では出雲神話に触れているものの、出雲王国を力の末に「国譲り」させたとあり、対外向けの『日本書紀』では出雲神話に一切触れず、天孫系の天皇の正当性について言及されているのです。

　ようするに、同じスサノオ系の海洋民族であっても、戦いに強い部族と戦いを好まない部族がいて、戦いに長けた勝者が自分たちにとって都合のいい歴史だけを残したということです。

　なので、真実の歴史を知るには「正史」とされる文献だけに頼るのは非常に危うく、それよりも古来から地域に伝わる民間伝承や『出雲風土記』など各地の風土記のほうがよほど確かです。

　このように、出雲の古代史を知れば、実は初代天皇とされている神武以前に

王朝があったこと、そしてシュメールから海や大陸を経由してやってきたスサの王たちによって築かれた日本と日本人の成り立ちの真実が明確にわかってきます。

何事においても、すべての物事、現象、歴史には必ず「裏」があります。しかし、「裏」はマスメディアのニュースに流れませんし、学校で教えられることはありません。神話も、歴史の事実も、そして目の前に表れている出来事、世の現象も、実は「裏」が重要な役目を果たしています。

「裏付け」という言葉があるくらい、日本には「裏」を大切にしてきた歴史があるのです。

この裏こそすべてを動かし、つくり上げていることを忘れてはなりません。日本の源流が出雲にある――このことをより多くの人たちに知っていただくために、出雲で身禊合宿セミナーを行った際の密着収録映像を販売（オンライン配信やDVDなど）していますので、ご興味のある方はぜひそちらもご覧いただければ幸いです。

https://51collabo.com/?shop=misogi0907
（誰も知らない「日本の叡智」オンライン配信ｐａｒｔ２【出雲全編】表には必ず裏がある）

さて、天孫族に降伏した出雲族・オオクニヌシは、ヤマトの統治者としての座を神武天皇に譲り、出雲系の王族たち、すなわち国津神の名は変えられていきました。

前述したように、神武天皇のモデルはアメノムラクモ（海村雲）で、即位したのは紀元前2世紀頃です。その村雲の就任時に出雲王から贈られたのが村雲ノ剣（後の草薙剣）で、これがのちに村雲の後裔である尾張家に渡り、熱田神宮に収められます。

海村雲の子孫は、海部氏、天野氏、尾張氏としてその血統を守り続け、一方、出雲王家の子孫は、毛利氏、浅野氏、長宗我部氏など戦国大名の名家として血脈を繋ぎました。

日向の天孫族に最後まで抗ったのが、出雲王・大彦（オオヒコ）の「日高見国」です。

アベ一族の祖でもある大彦は、物部氏に追われる中、途中で北陸地方から信濃国にかけて平定しながらアイヌ民族など土着の勢力とも平和的な連合体を形成して一大勢力となり、東北一帯に第2の出雲王国を築くに至りました。

これが日高見国で、文字通り朝日信仰を表しています。

日高見国は日の出の太陽のような王が統治する初国・縄文への回帰だった

元々出雲族はインドの太陽神スーリアの信仰を受け継いでいて、ヤマトに移った後も三輪山の日の出を拝んでおり、大彦が率いた出雲族の人々にとっても、日の出の太陽こそが人徳によって民を治める優れた王や平和な国の象徴だったからです。

それゆえ、常陸国に至った大彦は、鹿島に鹿島神宮を建てて出雲の龍蛇神である雷神（タケミカヅチ）を祭神として祖先を祀りました。これはヒ【陽・光・神霊】を立て直すことであり、まさに縄文への回帰です。

この日が高く昇る東の国＝日高見国は、わずかに『日本書紀』や『常陸国風土記』にその名が残されているものの、東北を中心として豊かな社会と独自の文化を育んできたにもかかわらず、蝦夷《えみし》と呼ばれて征伐の対象となり、最終的に中央政権に屈し征服されたということしか知られておらず、その痕跡は消されてしまいました。

龍鱗枠銅剣交差紋

富神社の現在の紋

八重垣神社の男女の性器を象ったご神体

同様に、出雲神族の神名で変えられた代表的な名が女首長のアラハバキ（幸姫命）で、『東日流《つがる》外三郡誌』の中では東北にあった王国の名に変わり、ホアカリも山の民である山窩（サンカ）の祖神となってホアケと呼ばれるようになり、本来の意味は消されました。

そもそも、アラハバキのアラ（荒）は龍蛇神、ハバキ（羽々木）は蛇の巻きつく神木を表す言葉で、東北の大彦一族がアラハバキ信仰を継承していたのです。

ちなみに、前述したようにアラハバキ信仰は山窩（山守・山伏）が足（脛）に巻く長いムシロで編んだハバキ（脚絆）が由来という伝承もあり、そのため足の神様として今もアラハバキ神に対してワラジや草履、靴などを奉納する習わしが残っています。

富一族の王を祀っていた「出雲社」（イズモノヤシロ）も富神社と名称が変わり、祭神も変えられ、社紋も元は龍の鱗紋に男女のまぐわい（交接）を示したアメノヌボコの2本の剣が交差した図柄（龍鱗枠銅剣交差紋）だったのが、その剣が2本の大根に変えられてしまっています。この剣は銅剣で出雲王のシンボルですが、交戦ではなく生命の発生を意味していました。

また、アイヌの古語として残っているのが、クナトは男根、アラハバキは女陰の意味で、本来一対のものとして祀られることが多く、これが出雲系の地域や神社で男根・女陰信仰の形で残っています。

出雲族の裏信仰が七福神の「弁財天」と「不動明王」になった

そもそも、男女の生殖器を神聖視する生殖器崇拝は、インダス文明やヒンドゥー教のシヴァ・リンガ信仰以外にも世界共通に見られるものですが、このイノチを生み出す聖なる性の文化を広めたのも元は長老民族である縄文の倭人です。

この縄文から続く聖なる性（ウズやムスヒ）の理《ことわり》が、出雲族や天孫族にも取り入れられ、それが『古事記』のイザナギ・イザナミによる国生み神話になったわけですが、神話のストーリーからすると、イザナギが天孫族（天津神）

でイザナミが出雲族（国津神）と見ることもできます。

いずれにしても、母性（女性）と父性（男性）双方の合一によって政《まつりごと》を行う双分制（ヒメ・ヒコ制）が古来からの日本のしきたりで、だからこそ出雲族の幸（サイ）の神信仰は今も道祖神（塞の神）として庶民に広く慕われているのです。

大嘗祭の「悠紀《ゆき》殿」と「主基《すき》殿」も、本来は、靭【ゆき：矢を入れる道具で女性を象徴】と鋤【すき：田を耕す道具で男性を象徴】で、出雲王の霊を降ろして一体となる儀式を執り行う場所でした。

ここで重要な役を担うのが女性シャーマン（巫女・トベ）で、この巫女の役職名がヒメ（姫）ですが、各地の出雲系のヒメ（トベ）たちの多くが天孫族（天皇家）に嫁がされていったようです。

そして、天孫族によって龍神信仰を禁じられた出雲族は、それに代わる裏信仰として七福神の弁才天と不動明王を仰ぐようになりました。

弁才天を選んだのは、そのルーツがインドの女神サラスヴァティであり、且つ出雲系の宗像三神のイチキシマヒメと同一視したためです。

日本神話に登場するサルタヒコ（猿田彦）も、元はインドの象神・ガネーシャですが、天孫降臨の際に道案内をした旅人の神とされ、村境や峠、境の川橋に祀られる道祖神（地蔵）となりました。

出雲系の神社が残っている地域としては、福岡の宗像、広島の厳島、鳥取の大山（元々は大神山）、島根の美保、香川の金毘羅、奈良の三輪山、京都の丹後、大阪の住吉、和歌山の熊野、埼玉の三峰、神奈川の伊勢原大山《おおやま》、長野の諏訪、新潟の弥彦、山形の出羽三山なども出雲族系で、宮城県の多賀神社にもクナトの神が祀られていますが、御祭神が猿田彦大神や大物主大神など大神《おおかみ》とつく神様や、大神神社と同じ三ツ鳥居（三輪鳥居）があるのは出雲系です。

特に出雲族と縁が深いのが熊野で、熊野大社の祭神は出雲の熊野神社のクマノ大神（熊野大神櫛御気野命）です。

これは、元々越の国（日本海側の古代出雲王国）でクナ（マ）ト大神を氏神様として祀っていたのが熊野神社だったからで、それが紀州の熊野にも勧請され、のちに物部軍の猛攻を受けた出雲王家の富一族が向家《むかい》と名前を変えて熊野大社に移り住んだのです。

このように全国各地に出雲族の痕跡が色濃く残っているのは、それだけ出雲王家が庶民の厚い信望を得ていたからで、徐福がニニギやスサノオを名乗るようになってからも、代々のオオクニヌシ（大国主）に対する根強い信仰は消えることはなかったのです。

とはいえ、徐福を筆頭とする物部氏らの度重なる武力制圧によって殺されてしまった出雲神族の王たちや出雲人にとっては、自分たちの国がことごとく滅ぼされ、歴史が改ざんされたことはさぞ無念だったでしょう。

稲佐の浜に参ってから参拝するのが出雲大社の正式参拝、その理由とは？

無念の死を遂げた王は祟り神となるため、丁重に祀って供養しなくてはなりません。

そこで、聖武天皇から桓武天皇までの各天皇は、出雲族のクナトの大神の力を恐れて、平安京、長岡京、信楽京などではサイ（幸）の大通りを作り、都の四隅に神社を建てて鎮魂の供養をしています。

また、熊野大社、出雲井神社、道祖神社、幸神社などで祀られている「幸の神」「塞の神」「道祖神」「道陸神」なども出雲の神ですが、東王家の宮殿は物部十千根（トオチネ）に明け渡されて、後の神魂《かもす》神社となりました。

その後、奈良時代の716年に杵築大社（今の出雲大社）創建の話が持ち上がり、旧王家の富家と神門臣家が寄付をして、出雲の大国主（徐福に殺されたヤチホコノカミ）を祀るために和国最大の杵築大社《きづきのおおやしろ》が完成することになります。

やがて時を経て、明治4（1871）年になって公称が杵築大社から出雲大社に変わり、その出雲大社の創建の説明文にはこう書かれています。

「大国主大神様は国づくりなされた国土を御皇室の御祖先の天照大御神様に〝国譲り（国土奉還）〟なされ、目に見えない世界の幽事《かくりごと》・神事《かみごと》の主宰神、神々の世界をお治めになられる大神として、壮大な御神殿にお鎮まりになりました」

しかし、出雲大社には謎があって、それは本殿に祀られたご神体はなぜか西側を向いていて、そのため参拝者は西側からもお参りをするとよいといわれていることです。

なぜ、大国主のご神体は参拝者の方を向かずに西を見ているのか？

もうおわかりのように、出雲大社の西側（西方約1㎞にある海岸）には、かつて徐福集団がやって来て出雲王に国を明け渡すように迫った稲佐の浜があるからです。

稲佐の浜には地元の人が「弁天さん」と呼んでいる弁天島があり、そこには出雲神族の女首長であったアラハバキ（幸姫命）が祀られていて、正式参拝ではまずそこに参らなくてはいけないのも、出雲族のご先祖の供養のためです。

つまり、今の出雲大社自体が出雲王であるオオクニヌシの祟りを鎮めるために造られた神社だということです。徐福＝スサノオの子孫である出雲国造が、代々出雲大社の神職を務められているのはそのためです。

出雲の一宮は出雲大社ではなく、出雲の熊野神社。それは、前述したように元々越の国でクナト大神を氏神様として祀っていたのが熊野神社だったからです。

また、美保神社の青柴垣《あおふしがき》の神事も、出雲神族の副王として無念の死を遂げたコトシロヌシを供養するための祭りです。

表向きは「美保神社の祭神、事代主命（恵比寿さま）が、大国主命から国譲りの相談をうけ、譲ることに決定した後、自ら海中に青い柴垣を作ってお隠れになったという故事にちなんだ祭り」とされていますが、この裏は海に身を投げたコトシロヌシの死を悼むためのご神事です。

日本では古来より自然崇拝と共にご先祖様を祀る祖先崇拝があり、今もそれを継承し続けているのが修験道であり、山伏です。

それゆえ、奈良県生駒市にある修験道の寺である宝山寺でも、出雲族の祟りを抑える神として「歓喜天」（聖天様）が祀られています。

歓喜天は、ドラヴィダ族が信仰していたヒンズー教のガネーシャ神です。

これは修験道がヒンズー教やゾロアスター教などの影響を受けているためですが、ガネーシャは荒ぶる鬼神で、この神を歓喜天として祀り鎮めているのが生駒の宝山寺（生駒聖天）です。

ここに行けば出雲神族の富一族との関わりがよくわかるのですが、それは聖天様のシンボルが富神社と同じ大根2本で表されているからです。

生駒の歓喜天も二神のガネーシャが抱き合っていて、大根2本の紋があり、私はそこで修行をしてきました。

出雲神族のシンボルである銅剣、聖なる紋章を大根に変えられてしまった富一族の王たちの屈辱……。

しかし、その怨念を光に還すのが供養です。

それゆえ、私も生駒の宝山寺で出雲族の供養のための修行をしてきましたが、全国各地を周るたびに必ずそこに隠された裏の歴史があることを知らされます。

そこにはさまざまな部族間の軋轢や悲痛な物語があるがゆえに、そこにしっかりと目を向けながら手を合わせてすべてを和合する、それが古典神道家としての務めです。

第3章　スサノオの使命は森と縄文文化の継承

息子のイタケルに木を植えさせたスサノオが夢見た世界

前章では、古代出雲王朝を築いたのがインドのドラヴィダ族の王で、そこに後からやってきたユダヤ系の徐福集団が先住の出雲族を制圧し、天孫族を名乗ってヤマトの政権を取ったという話をしました。

しかし前述したように、ドラヴィダ・出雲族も、徐福をはじめとする物部・秦氏などのユダヤ系帰化人も元は海洋民族（海人族）でスサノオの系統です。ドラヴィダ族が龍蛇信仰を大切にしていたのも、龍が海を支配する海神だからで、海人族は常に水と天候を司る龍神と共に生きているのです。

そもそも、スサノオの神威（霊力）は、碧い地球が放つ光、すなわち海の惑星である地球自体のエネルギーを意味します。

したがって、大海原を司るのがスサノオの役割であって、だからこそ創造神（祖神）から「海原（初国）を知ろしめせ」との命を受けて世界各地に旅立ったのです。

そして、やがてメソポタミア文明を築き、その後エーゲ海沿岸からインダス川流域に及ぶ広大な世界帝国を築いたアケメネス朝ペルシア帝国の首都であり、王の道の起点として「スサ」の名を残した。

ところが、そのバトンを受け取ったユダヤ系のスサノオたちは、殺伐とした砂漠の風土と差別や離散、そして度重なる争いの歴史の中で騎馬民族との混血などによって、どんなことがあっても生き伸びるための権謀術数と交戦的な性質を身につけてしまった……。

しかしその半面、どこかでずっと異邦人である自分たちが安心して住める憩いの場所、ディアスポラ（離散ユダヤ）にとっての理想郷、碧い海を探し求めてきたに違いありません。

そんな戦いに明け暮れたスサノオたち、すなわち徐福集団をはじめとする日本にやって来たユダヤ人たちは、朝日が昇る先祖の島に辿り着いて、この自然豊かな平和な地を自分たちの終の棲家にしたいと思ったことでしょう。

「八雲立つ　出雲八重垣　妻ごみに　八重垣つくる　その八重垣を」

これはスサノオが読んだ日本最古の和歌です。

波乱万丈な人生の中で、晴れてクシナダ姫を妻に迎え、新居を出雲の地に定めた時に詠んだとされるこの歌からは、幾重にも重なる白雲を見ながら「ここは豊富な水を蓄えた森の国であり、この国ならば安心して子孫繁栄が叶う」……そんな希望に満ちた心情がうかがえます（より深い意味については後述します）。

四方を海に囲まれ、一度も他民族の支配を受けず、豊かな水を存分に利用してきた今の日本人にはこのような心情は理解し難いかもしれません。

しかしだからこそ、対極をムスビ合わせることが大事で、とりわけ古典神道では「ヒ（霊）」を結びあうムスヒ（産霊）の精神を重視します。つまり、相対するものを和合させることによって新たな文化を創造するわけで、事実、スサノオたちもその役目を果たしました。

それが植林による日本全国の森づくりです。

スサノオ（徐福）は、息子のイタケル（五十猛）に命じて樹木を植えさせましたが、そのことからも、スサノオ親子が一旦立ち寄った朝鮮半島（新羅）では叶わなかった自らの夢をわが子に託した強い覚悟がうかがえます。

縄文文明と他の古代文明との最も大きな違いは森を破壊しなかったこと

なぜ豊かな森が子孫繁栄に繋がるか？

森は人々の暮らしを養う場であると共に、植林によって丸太舟をつくり、海路を自由に行き来できるからです。

現に、縄文時代の丸木舟は全国で約160艘《そう》も発見されており、黒曜石、ヒスイ、貝や琥珀《こはく》など当時の貴重な資源を巡って驚くほど広域（東シナ海上）で物流があったことが確認されています。

また、森は雨水を貯える巨大なダムであり、森の中の栄養分が川を通って海に流れ込んで豊かな海の海産物を育んでくれるのと同時に、里山からは落ち葉や薪などの燃料や堆肥、生活道具、建築用材などの資源が得られ、鎮守の森

（神社）は村人たちの結束をはかる里地の拠点となります。

そのような父親の意向を汲み取ったイタケルは、2人の妹と共に、九州から始めて日本全国に杉・楠・桧・槙などの木をたくさん植えました。

それゆえ、イタケルはのちに有功神（大変功績のあった神）と呼ばれ、木の神として紀伊の国の一ノ宮に祀られるなど、植樹神イタケルを祀る神社は全国に300社あるともいわれます。

縄文文明と他の古代文明との最も大きな違いの一つは、縄文以外の文明においては森が徹底的に破壊されたのに対して、日本では豊かな森が保たれてきたことです。

その歴史の教訓を物語っているのが、メソポタミアのギルガメッシュ王が森に住む神の使いであるフンババを征伐する『ギルガメッシュ叙事詩』です。

そのメソポタミアと同じように、古代ギリシャやローマ、中国でも森は破壊されてきました。

そのような歴史を持つ人々から見たら、日本列島の豊かな森と水は、子々孫々に至るまで暮らしに潤いと安らぎを与えてくれるまさに不老長寿の妙薬のようなものです。

そんな日本の地にやって来た徐福は、確かに平和な先住民族に対して謀略を企てたものの、その一方で、陽（ヒ）と水に恵まれた風土の価値に気づき、青銅器や鉄などの農具を使ってそれまでの日本社会にはなかった稲作農業という新たな文化を接ぎ木したのも確かです。

スサノオがオオゲツヒメを斬り、その女神の亡骸から五穀が生じるという日本神話は、まさにそのことを物語っています。

その後、湿潤な気候と豊富な水を生かした日本の稲作は、全国各地にくまなく広がりました。

しかし、その後の時の為政者たちは森林の価値を忘れ、とりわけ戦国武将たちによる築城、豊臣秀吉や徳川家康の大建築物の造営、京都、江戸、大坂での木材消費の爆発的な増加などによって全国的な山林の荒廃を招き、これに危機感を抱いた幕府・諸藩はそこで森林資源保護に乗り出します。

こうして再び苗木を育てて植林する「育成林業」が起こり、やがて1933（昭和8）年には、神武天皇祭を中心とする4月2日から4日までの3日間を

「愛林日」として全国一斉に愛林行事を催すことが提唱されました。

その翌年からは全国的な植樹運動の日となり、さらに1950（昭和25）年以降は全国各地から緑化関係者等の参加を得て、天皇皇后両陛下によるお手植えや参加者による記念植樹等を通じて、国民の森林に対する愛情を培うことを目的に毎年全国植樹祭が開催されています。

また、民間でも多くの研究者たちがボランティアと共に各地で森づくりに励んでいて、それが今の縄文ブームにも繋がっています。

これは、本来のスサノオの役割、すなわち、森を育て、太陽の光と水によって新たなイノチを育む（火と水でカミとなる）という生き方が再び見直されつつあるということです。

縄文人が1万年以上も平和な暮らしを続けられたのは海と一体化していたから

『古事記』の天地開闢の物語には、独り神（自然神）として「ウマシアシカビ」という微生物の神さまが出てきますが、この微生物を神とするのはまさに縄文の自然信仰に他なりません。

つまり、スサノオの霊統の役割・使命は、自然を範とする縄文文化と生活様式の復活です。

縄文というと、土器の縄の紋様を連想しますが、縄以外にも縄文を象徴する紋様があります。それは海の「貝」です。

日本列島の最南端の縄文人たちは、はるか1万年以前の縄文時代の初め頃からハイ貝や赤貝などの二枚貝の貝殻で文様を付けた「貝文土器」を使っていたことが最近明らかになってきています。

これは、約1万年前の温暖化で黒潮前線が北上して列島に接近するようになり、中国南部や江南から東シナ海を横断し、あるいは東南アジアから島伝いに琉球諸島へ、そして九州南部や日本列島の太平洋岸に到達した人たちがいたことを示しています。

この点に関して、元琉球放送の記者で沖縄の文化に精通している上間信久氏は、次のような説を唱えています（以下『消された南の島の物語』より要約）。

●3200年前、大洪水で生き残った湯王と、それを補佐した伊尹一族が殷王朝を成立し、その殷に対抗した呉太伯（周王朝）の子孫たちが、倭人集団と共に、殷で貨幣として使われていたタカラ貝や神降ろしに使われる春ウコンを確保するために琉球諸島に移住した。

●そして、天孫氏として琉球（沖縄）に定着。彼らは琉球諸島を足掛かりとして、九州、四国、本州の伊勢、紀伊、朝鮮半島まで勢力を拡大していった。

●琉球諸島には「伊」の文字がつく地名が多く、これは伊尹一族が残したものので、伊尹一族はさらに黒潮に乗って日本海や太平洋に移動したと思われ、それを示す伊がつく地名が各地に残っていることから「海上の道」があったと考えられる。

また前述したように、さらに遡ると約7000年前頃には気温の上昇で現在より海面が2〜3メートル上昇していて（縄文海進）、海水が陸地奥深くへ浸入していたことから、縄文人（古代ヤマト人＝倭人）たちは湾内で漁を行い、採れた貝や魚を運搬したり遠隔地と黒曜石やヒスイなどを交易するのに丸太舟を使用していたと考えられます。

丸太舟を使って広域で活動した縄文人たちは海を渡る貝文人でもあり、貝殻は南西諸島から九州の西海岸を経由して日本海や瀬戸内海に運ばれていた形跡があり、「貝の道」とも呼ばれます。

このように、貝は食用以外にも、加工して腕輪（装飾品）としても珍重されていたことから、海洋民でもあった縄文人は丸太舟で朝鮮半島などにも行き来していた、つまり縄文文化は森と共に海の文化でもあったわけです。

ちなみに、千葉県市川市の雷下遺跡からは国内最古となる約7500年前の丸木舟をはじめとする多量の木製品が出土していて、発見された舟はムクノキをくりぬいた丸木舟で全長約7・2メートル、幅約50センチ、厚みは船底部の端で約8センチだったそうです。

かつて、カヌーを使ってフィリピンから鹿児島県まで44日間にわたる冒険航海が行われた際、顧問を務めた茂在寅男・東京商船大（現東京海洋大）名誉教授は「人の移動というものを考えると（中略）『海』は決して障壁ではなく、むしろハイウェイ」と述べたそうですが、これは縄文時代から続いている日本の航海術がいかに優れていたかを物語る話です。

縄文・初国の民が、1万数千年もの永い間、自然を破壊したり殺し合いをすることなくみんな仲良く共存できていたのは、森と海というイノチの源泉と一体化していたからに他なりません。

出雲の龍蛇神のルーツは縄文・初国から大海原に旅立った海神スサノオの魂

縄文の海洋民族である倭人にとって、もう一つとても大事なことがありました。

それは見えない神々の世界との繋がりです。

とりわけ、海洋民族・海人族にとって重要な存在は、天候を制御し航海を守護してくれる龍神です。

ドラヴィダ族が龍蛇神を信仰していたのも、元々彼らがスサノオ系の海洋民族だったからですが、その流れを汲む出雲大社では今でも龍蛇神を祀る龍蛇神講大祭が執り行われています。

旧暦10月は一般に「神無月」ですが、出雲地方では全国の八百万神が集まる「神在月」で、神々は旧暦10月11日から17日までの7日間出雲大社に集い、大国主大神の御許において神々による縁結びのお話し合い（神議《かむはか》り）がなされます。

この時に神々の先導役を務めるのが龍蛇神です。

つまり、それぞれの地域にいる八百万の神様を稲佐の浜にてお迎えするのが出雲の龍蛇神のお役目で、この龍蛇神講大祭は、旧暦10月11日に本殿で斎行される神在祭の後、龍蛇神講の人々によって神楽殿において催されます。

龍蛇神は、水に住む龍から火難、水難の守護神として、また地に住む蛇から土地の禍事、災事を除く大地主神として仰がれており、この二つの信仰が融合した神様です。

現在では、家内安全や除災招福などの守護神としても崇敬され、縁結びの神としても慕われていますが、源流を辿ればドラヴィダ族の守護神であり、さらに遡ると縄文・日の元から大海原に旅立ったエネルギー体としての海神スサノオでもあります。

そもそも、古典神道では日本列島自体を龍体として捉えており、大本の出口王仁三郎も『霊界物語』の中で、日本列島は龍体であり、かつ世界の大陸の縮図であると述べています。

このことから、世界の5大陸は日本列島を雛形としてできあがっているとされる「雛形論」が広く浸透していったわけですが、これは、日本の本州はユーラシア大陸、四国はオーストラリア、北海道は北アメリカ、九州はアフリカ、台湾は南アメリカに当たり、「日本で起きたことはやがて世界で起きる」という考えです。

この雛形論は、古典神道（古史古伝）でいう長老民族（黄人）から五色人が生まれたとされる世界観や光一元の原理と起源を同じにするものです。

また、日本人が龍族であることは、ニュージーランドのワイタハ族のテポロハウ長老も証言されています。
テポロハウ長老によるとワイタハ族は銀龍であり、金龍である日本の弟分であることから、長老は兄の金龍である日本人の覚醒を促すために十数年前から来日して各地でご神事をされ、天皇家に対しても強い崇敬の念を示しておられます。
そして、日本の人々に対して「日本の天皇は日本だけの天皇ではない。龍族たちが協議する時には、指揮官となる」「龍族はすべて古代シリウスに属していて、日本の天皇も日本の龍族もみんな親族。天皇の起源は古代シリウスにあり、龍の法に則っている」などと述べています（ヒカルランド刊『銀龍（ワイタハ）から金龍（ヤマト）へ』）
テポロハウ長老によると、龍の役割は宇宙のバランスを保つことで、龍がいなければ地球だけでなく宇宙が崩壊するので、金龍である日本は古代の神々や日本人の中に

銀龍《ワイタハ》から
金龍《ヤマト》へ
あなたは
ドラゴンという守護者と一緒に
生まれた
ことを思い出してください！
テポロハウ ルカ テコラコ
中谷淳子

ある高貴な血族を守ることが大事だと証言されています。

今年の春、たまたま長老の本を拝読する機会を得た私は、「ご縁があればぜひお会いしたい」と思っていたら、幸いにも長老の来日中に急遽お会いすることができました。

ワイタハグランドマザー評議会の一員で日本のコーディネーターである中谷淳子さんのご配慮で、神戸空港でテポロハウ長老にお会いしたのですが、短い時間の中でもとてもエネルギーが高まる交流をさせていただくことができました。

テポロハウ長老は私を見て、「あなたはとても古いレインボードラゴンですね」と言われ、私の妻もとても大きな龍だと言われました。

ということは、やはり夫婦共スサノオの霊統。テポロハウ長老の言葉を受けて、私は改めて、「世界に光一元の原理を伝えるべく初国・金龍としてのお役目を果たさねば」と身が引き締まる思いがしました。

北方系騎馬民族と南方系海洋民族が混ざり合い、騎馬民族系が実権を握ってきた

古神道に伝わる「龍神の印」の唱え言葉に、「四方海、五国の主とは吾が海神の皇大神」という古伝があります。

日本人が龍族であるということは、まさにスサノオ系の人が多いということですが、とりわけ時代の大きな変革期である今はスサノオの分霊がたくさん日本に生まれています。

歴史上のスサノオの分霊たちは、古代出雲神族のように歴史の表舞台からは消されてしまったり、悲業の死を遂げて祟り神として祀られてきた魂が多いです。

たとえば、乙巳の変で討たれた蘇我入鹿、菅原道真、平将門など、最後は人間の憎悪や憤怒（忿怒）を抱え込んで非業の死を遂げたり、あるいは役行者や

空海、出口王仁三郎など時代を変革するための霊的指導であったり、またそのような人物を守護する神仏となって新たな時代を拓く礎となってきたのです。役行者の蔵王権現、空海の不動明王、出口王仁三郎の艮の金神（ウシトラノコンジン）、さらには教派神道と呼ばれる黒住教、天理教、金光教などもスサノオの系統で、こうした魂に共通しているのは、表で権力を握っている統治（支配）者たちとは反対の立場や役割をあえて引き受けていることです。

これはわかりやすくいうと、日本は大陸北方系遊牧・騎馬民族と南方系海洋民族の二つの民族が混ざり合っていて、表舞台で実権を握ってきたのは主に騎馬民族をルーツとする人たちで、どちらかというと海洋民族系の人たちは争いに破れたり、虐げられてきた側です。

とりわけ、西日本においては、大陸北方系と東南アジア系との混血が行われて弥生文化が発展し、それが東日本に伝播していって、結果的にそれまでの縄文文化は沖縄と北海道（アイヌ）の両端に追いやられていきました。

したがって、騎馬民族征服説は極論でも、少なくとも騎馬集団と一緒にやって来たユダヤ系の一部が支配層に与《くみ》したのは確かで、その証拠が前方後円墳から出土している高度な技術によって製作された馬具類や鉄製武器です。

当時の日本には馬はいなかったことから、騎馬民族が馬具類を持ち込んで古代ヤマトの支配者になって前方後円墳を造ったということです。

ですから、世界や日本の歴史の深層を知るにはこうした構造をよく知っておく必要があります。

最も古い遊牧騎馬民族といえば、インド・ヨーロッパ語族ですが、そのルーツは紀元前3000年~1500年頃に出現したアーリア人に辿り着きます。

ユーラシア大陸を舞台に興亡を繰り返した諸民族には、スキタイ人・メディア人・ペルシア人・バクトリア人・パルティア人などがいますが、その頂点にいたのが史上初の騎馬民族にして壮大なる世界帝国の樹立者であるアーリア人です。

アーリアとは「高貴な人」を意味していて、彼らは先住民を「ダーサ」(やがて奴隷の意味)として区別し、肥沃な土地を求めてユーラシア大陸を次々に移動していったわけですが、そのアーリア人を祖先とするのが白色人種です。

彼らの特徴は、金髪・碧眼・長身・細面で、自分(白人)たちは世界で最も優秀な民族であると信じていて、それゆえヒトラーのナチスドイツも「ヨーロッパに入った白色人種の祖であるアーリアンはヘレンラッセ（支配種族）である」というアーリア神話によって反ユダヤ主義を徹底したわけですが、ドイツに限らず20世紀初頭になっても欧米諸国で優生学が盛んになったのは白人の間にアーリア神話の信奉者が多いためです。

また、アメリカなどでは今も白人至上主義に絡む事件が多発していますが、そのアーリア性は黒海〜北コーカサスの遊牧騎馬民族スキタイにも引き継がれていて、そのスキタイの騎馬技術や馬具、武器などの戦闘的な文化が後の東アジアの民族にも大きな影響を与え、そのうちの一部がさらに日本列島にやって来て大和朝廷による支配体制の強化に与したのです。

そして、日本に入って来た騎馬民族の系統がのちの源氏を生み、結局のところ戦いに長けた氏族たちがずっと政治権力を掌握してきたわけですが、その流れは今も変わりません。

役行者の祈りに応え、末法の世を生きる人々を救うために出現した蔵王権現

こうした歴史を鑑みればわかるように、本来のスサノオの系統は縄文的な争いを好まない海洋系の人々です。

ようするに、スサノオがアマテラスの弟であり、荒ぶる神とされてきたのは、スサノオ的な縄文文化を封印したかった弥生以降の政治勢力による策略だったということです。

前著でも取り上げましたが、大本の開祖・出口王仁三郎もスサノオの霊統で、それゆえ、時の権力者たちに目の敵にされて、徹底的に教団を破壊されたのです。

大本は、時の政府から１９２１年と１９３５年の二度にわたって凄まじい弾圧を受けており、二回目の弾圧では神殿をダイナマイトで全部爆破され、完全

な更地にされたうえでその費用をすべて補償させられました。

大本の信者たちは共産党の党員以上の拷問を受け、弾圧されたにもかかわらず、王仁三郎にとってはそれも折りこみ済みだったようで、信者たちも一切政府側に反撃をしていません。

さらに時代を遡ると、スサノオの分霊には修験道の開祖である役行者《えんのぎょうじゃ》もいました。

修験道は、縄文時代から続く山岳宗教ですが、修験の修とは苦修練行、験とは験得の意味で、苦修練行することによって霊験を得て衆生を済度する、すなわち菩薩行です。

奈良時代には、すでにそのような山岳修行者（行者）たちが各地で多数活動していました。

熊野の山で修行をしていた役行者は、ある時、北の方角に霊光を見、その光を追って摂津国の箕面山に入り、そこで滝行をしていたところ弁財天の導きを受けて悟りを得ます。

前述したように、弁財天は出雲族の女神アラハバキ神と同体です。

役行者は、報恩感謝のもとに自ら弁財天の像を作製し、滝の側に祭祀して箕面寺と称しました（後に瀧安寺と改称）。

これ以後、数多くの修行者が入山し、箕面寺は山岳の道場として発展して、最盛期には堂舎が八十余りに及びました。

その後、役行者は全国の霊山を開き、熊野から大峯山脈の稜線伝いに吉野に修行すること33度、そして最後に金峯山（大峯山）山上ヶ岳の頂上で一千日間の参籠修行を達成し、そこでついに蔵王権現を感得します。

苦しみの中に生きる人々を救うために御本尊を賜りたいとの役行者の祈りに応えて、まず現れたのが、釈迦如来、千手千眼観世音菩薩、弥勒菩薩の三仏です。

役行者は、その三仏の柔和な姿を見て、このお姿のままでは迷える衆生を済度しがたいと思い、さらに祈念を続けます。

すると、天地鳴動し、山上の大盤石が割れ裂けて、雷鳴と共に湧き出るが如く忿怒の形相荒々しい姿の仏が顕現。この仏こそが金剛蔵王大権現で、役行者は「これぞ末法の世を生きる人々の御本尊なり!!」と歓喜し、その姿を山桜の木に刻んで祀りました。

スサの魂よ、内なるスサノオのエネルギーを解き放ち、弥勒の世の礎となれ!!

末法になればなるほど、人々は目覚めにくくなっています。

なぜなら、私たちは生死が問われるような事態にならないと、魂のスイッチが入りにくいからです。それゆえ、末法には末法にふさわしい、より強烈なエネルギーを持った仏が必要だったのです。

これが金峯山寺の始まりであり、修験道の起こりとされ、その後も同じスサノオの分霊たちが日本各地の霊山を開いていきました。

ある時期、役行者は、妖術で人々を惑わしていると噂されて伊豆島に流罪されますが、それは役行者に対する庶民の影響力があまりにも大きくなったので、時の為政者から怖れられたのです。

また、役行者が弁財天を感得した大峰山系には、日本三大弁財天の一つ天河大弁財天社（天河神社）があります。

天河神社は昔から修験者が参籠修行する霊験所であると同時に、スピリチュアル系の人々が集まるスポットとしても知られていますが、この天川村にも村人は役行者に仕えた鬼の子孫であるという伝承があり、そのため天河神社の節分祭では「福は内、鬼は内」と叫びながら豆まきをします。

このように、私が小さい頃から行じてきた修験道はスサノオの霊統を引き継いでいて、私が若い頃に修行に入った生駒山もまさに出雲系の行場でした。

そして、そのスサノオの霊統は、古代宮中祭祀を司った忌部氏や近世の吉田神道、近代の教派神道などにも受け継がれています。

スサノオの霊統、分霊に共通しているのは、常に弱き者や日陰にいて苦悩している者たちへの慈愛の眼です。とりわけ、混乱期にはシャーマン的な教祖が現れて、神仏の加護を得て神の教えや技を広めることによって分け隔てなく衆《しゅ》生《じょう》を救済しようとする龍神やスサノオの動きが激しくなります。

これは沖縄のノロやユタにも通じるもので、その本体は、今も修験道や古典神道、民間信仰の底流にある海神スサノオ＝ワタツミによる禊祓いの浄化のエネルギーに他なりません。

そのような禊祓いを促すスサノオの激しいエネルギーが、今、まさに渦巻いています。

しかし、もはやこれまでのように一人のカリスマ教祖が世を救う時代ではありません。

今、求められているのは、一人ひとりが争いの根となる穢れを祓い、内なるスサノオの創造のエネルギーを完全に開花させることであり、それこそが弥勒の世の礎となるのです。

第4章　琉球からやって来たアマテラスと南走平家

太陽神アマテラスはこうして日本にやって来た

海神スサノオは縄文を象徴するエネルギーであるのに対して、太陽神アマテラスは弥生を象徴するエネルギーです。

天皇家の祖先神がアマテラスとされているのもそのためですが、では、その太陽神アマテラスはどのようなルートで日本に入ってきたのか？

それは、琉球・沖縄の古代史を紐解けばわかります。

琉球開闢《かいびゃく》神話によると、アマテラスのルーツは琉球を開いた古代王朝・天孫氏の祖先であるアマミク（アマミキヨ）いう女神で、その天孫氏が天孫族の由来になっていると考えられます。

天孫氏とは先史時代に琉球を統治したとされる王統で、琉球王府編纂の史書『中山世鑑《ちゅうざんせいかん》』（1650年）や『中山世譜《ちゅうざんせいふ》』（1701年）などには、次のように記されています。

●天帝が「阿摩美久（アマミク）」という女神と、「志䄈礼姑（シネリク）」という男神を下界に遣わし、琉球の島々を創らせた。

●天帝は自分の子である男女二人を降臨させ、そこから三男二女が生まれた。長男は天孫氏の始祖、次男は諸侯（按司）の始祖、三男は百姓の始祖、長女は君々（高級神女）、次女はノロ（地方神女）の始祖となった。

つまり、天帝の遣わしたアマミク（アマミキヨ）とシネリクの長男が天孫氏になったということで、これはアマテラスの孫であるニニギが高天原から日向の高千穂峰へ天降った天孫降臨の神話と極めて類似しています。

また、琉球神話では、それまで民はまだ農業を知らず、草木の果実を食べ、調理することも知らなかったのが、天帝の子どもたち（天孫氏）が五穀を植えることを教え、そこで初めて農業が起こったとあります。

このことから、琉球に初めて稲作農業を伝えた海洋民族がこの神話を伝えたと推察され、実際に沖縄の植田地方にはこんな稲作発祥伝説が残っています。

●アマミク（アマミキヨ）の子孫・阿摩美津が米を求めて大陸（中国）に渡ったものの、稲の種の持ち出しは認められず、その願いは叶わなかった。
●のちに北山王の使者が稲を琉球に持ち帰りたいと神に懇願したところ、ニライカナイの神は鶴が運ぶことを条件にそれを許した。
●途中、嵐に遭い、稲の種をくわえた鶴は力尽きて、南部の新原（南城市玉城）の泉へと落下（現在のヤハラヅカサ）。その泉で稲が発芽したのを発見した阿摩美津は、受水・走水の御穂田に移植し、育て方は神様から教わった。

古代琉球を開いた天孫王統は、1780 2年間もの長期にわたって続き、25代目の時に家臣の利勇なる人物に滅ぼされたと伝承されており、この天孫氏が後世に稲作農業を伝えたとされています。

沖縄には天孫氏の伝承が多く残っていて、那覇市にあった臨済宗の崇元寺《そうげんじ》（1945年に焼失）には18世紀初頭の頃まで歴代の天孫氏の位牌が祀られていたそうで、また浜比嘉島にはアマミクとシネリクが天から降って一緒に暮らしたと伝えられている洞窟や二人の墓もあります。

また、沖縄の最高神は「ティダ」という太陽神で、昔からアマミク（アマミキヨ）＝アマテラス説が根強く、アマテラスはアマミクに仕えるノロ（神女）だったとか、アマテラスがこもったという伊平屋島のクマヤ洞窟などもあります。

オオヒルメ＝アマテラスはスサノオの妻だった⁉

この天孫氏・アマミクももちろん元は縄文の倭人で、海洋民族です。
では、その琉球のアマミクがなぜヤマト政権にアマテラスとして取り入れられたのか？
古典神道の世界では次のように伝承されています。

●アマテラスは、大日霊女（オオヒルメ）という名で、九州の日向にいたスサノオ（徐福）の現地妻となっていた。

●スサノオには出雲に正妻クシナダ姫がいたが、各地に現地妻がおり、それらの海岸沿いに棲んでいた女性たちは瀬織津姫（セオリツヒメ）と呼ばれた。

●巫女であるアマテラスがスサノオとの間に産んだ子どもの孫がのちの神武となる人物。

●スサノオの死後、出雲・日向王国のトップに立っていたニギハヤヒ（徐福の子孫）は、末娘の婿養子にアマテラスの孫である神武を迎え入れて、ヤマト政権との合体をはかる。

●これにより、のちに女帝として実権を握った持統天皇（第41代天皇）は、天皇家の始祖を大日霊女＝アマテラスとすることで自身の天皇即位と万世一系としての天皇家の正当性を内外に示した。

●そしてこれ以降、ウガヤフキアエズ王朝から続いてきたニギハヤヒの男系は断絶し、神武系の男系天皇（神武王朝）が続いていく。

つまり、当時のヤマト王権がアマテラスの血筋を迎え入れたことで、琉球から得た水田稲作技術によって全国各地を制圧的に統一し、それまでの植樹などの縄文的な思想や文化を封じたということです。

言うならば、それまでの出雲・縄文文化から大和・弥生文化へのモデルチェンジが「国譲り」神話で、そのため記・紀神話ではアマテラスを姉に、スサノオを荒ぶる弟にしておく必要があったのです。

ここから、スサノオ系の氏族たちは歴史の表舞台からは徐々に退いていくことになります。

その代表的な氏族の一つが、三種の神器の草薙剣のモデルとなったアメノムラクモ（天村雲）の子孫に当たる忌部（いんべ）氏です。

忌部氏は、古代の祭祀や祭具作製・宮殿造営を担った氏族で、本来の朝廷祭祀は忌部氏が掌握していました。

しかし、中臣氏や藤原氏による天武朝の「八色《やくさ》の姓《かばね》」の制定によって中臣氏よりも一段下の宿禰姓となって次第に本来の職務に就けなくなり、平安初期の大同2年（807年）に忌部宿禰が『古語拾遺』を平城天皇に訴えたものの状況は変わらず、やがて歴史の表舞台からは姿が消えていきました。

中でも、阿波忌部氏は麻と関わりの深い一族で、全国に麻を植えるなど日本における大麻草の文化を継承し、天皇即位の礼である大嘗祭で使用する麻布（麁服：あらたえ）を古くから献上してきたのも阿波忌部氏です。

麻は出雲大社の真菰《まこも》と同様、祭祀や祭具にはなくてはならない縄文の聖なる植物で、お払いの際に神主が振る幣《ぬさ》や注連縄、鈴縄や装束も本来は大麻草を使用します。

それゆえ、忌部氏は四国の徳島・阿波を拠点に、黒潮に乗って太平洋の紀伊半島、伊豆半島、三浦半島、房総半島などに上陸し、広く文化圏を広げていきました。千葉が安房と呼ばれ、勝浦や白浜など阿波・徳島と同じ地名がたくさん残されているのもそのためです。

千葉・安房国一宮である安房神社には、忌部氏の祖神で食物をはじめすべての産業創始の神であるアメノフトダマ（天太玉命）が主祭神として祀られています。

また、麻は繊維や食料や燃料、さらに胃腸や喘息の薬としても用いられ、とても大変有用な植物ですが、こうした日本の文化や日本人のアイデンティティとも深く結びついていた大麻は、戦後GHQによって突如禁止されてしまったことはご承知の通りです。

これも見方を変えれば、米国による日本のスサノオ―縄文文化の封殺です。阿波は、出雲系のコトシロヌシやタケミナカタの本拠地で、イザナミを祭神とする式内社があるのは全国で一社、阿波だけです。

阿波（アワ）が農業の神であるオオゲツヒメの国なのは、縄文文化を引き継いでいて、アワやヒエなどの雑穀栽培に適していたからですが、大和（畿内）で水稲栽培、つまりコメがつくられるようになったことで大和朝廷は水田耕作によって統治地域の拡大をはかり、各国からコメを税として徴収するようになったのです。

大和朝廷は国司を送って各地の反乱を制圧しながら統治を進めましたが、東北地方はコメづくりには適さず、それゆえ稲作に抵抗した人々は「まつろわぬ民」として征伐の対象となり、一部は北越・奥羽・北海道などに逃れて蝦夷《えみし》やえびす、鬼、土蜘蛛、山窩（サンカ）などと呼ばれました。
こうしたまつろわぬ民は、元々は出雲・スサノオ系の氏族です。

京都の吉田神道や蘇民将来の護符もスサノオ－アメノムラクモの筋

アメノムラクモ（天村雲）の子孫には、忌部氏の他に卜占《ぼくせん》の術で神事に奉仕した卜部《うらべ》氏もいました。

卜部氏は伊豆、壱岐、対馬などに居住し、のちに京都神楽岡《かぐらおか》吉田神社の預《あずかり》職となった卜部吉田家が宗教的権威の地位を得て、のちに吉田神道を興します。

吉田神道は、室町時代の京都吉田神社の神職吉田兼倶《かねとも》が教学・行法を体系化したものです。

教学の基本は「万物はすべて神の顕現であり、人間も等しくその心に神を宿す。心はすなわち神である」「神道は根、儒教は枝葉、仏教は花実」とするもので、これは他の古典神道や修験道の世界観とも相通じるもので、私が継承させていただいている藤原・山蔭神道はこの京都の吉田神道の流れを汲んでいます。

京都はスサノオ系の秦氏がつくった都ですが、祇園祭の神事や祭事において古来より長らく続いている習わしが、「蘇民将来子孫也」と書かれた護符を貼る習慣です。

これは、嫁探しの旅に出た牛頭天王、つまりスサノオにちなんだこんな物語です。

牛頭天王（スサノオ）が妻探しの旅の途中に立ち寄った村で、裕福な巨旦《こたん》将来《しょうらい》に宿を請うたところ、「貧乏人は泊まらせない」と邪険に断られました。

しかし、巨旦の弟の蘇民将来《そみんしょうらい》が天王に声をかけてくれて、貧しいながらも心を込めてもてなしてくれました。

天王は感謝して「あなたの子孫は末代まで私が護ってあげよう」と言って茅の輪を渡し、「この茅の輪を身に着けておけば、あなたの一家はすべての災厄から逃れられる」と言い残して立ち去りました。

やがて、疫病が流行った時、茅の輪を腰に巻いていた蘇民将来の家族は助かり、巨旦将来は一家全員死んでしまったという話です。

この物語の伝承が牛頭天王＝スサノオをご神祭とする八坂神社などに設けられる茅の輪の由来で、祇園祭で授与されるちまきにも「蘇民将来子孫也」の護符が貼られていたり、家の玄関にこの護符（注連縄《しめなわ》）を貼るのもこうした祇園信仰が元になっています。

このように、牛頭天王＝スサノオは、とりわけ京都市民にとっては病気や災いから護ってくれる頼もしい祖先なのです。

スサノオの霊統は南走平家・安徳天皇へと引き継がれていった

アメノムラクモは、三種の神器の一つ草薙剣のモデルとなりました。

この神剣が、アマテラスから孫のニニギノミコトに渡されて天孫降臨（政権交代）がなされたわけですが、これはようするに、スサノオの縄文系のエネルギーが剣の形でアマテラス（弥生）系の子孫に託されたということです。

ところが、この形代の草薙剣は、その後の源平合戦の最中、安徳天皇（第81代天皇）を奉じた平家によって他の神器とともに西国へ落ち、源氏方に擁立された後鳥羽天皇（第82代天皇）は三種の神器がないまま即位したとされています。

つまり、スサノオの霊統は源氏ではなく、安徳天皇（平家）に引き継がれたということです。

しかし、歴史上では、安徳天皇は壇ノ浦の戦で平氏一門とともに入水し、歴代の天皇の中で最も若くして崩御した天皇とされています。

『平家物語』でも、戦に破れた平氏一門の武将や女官たちが次々と入水する中で、平清盛の妻である二位尼が幼い安徳天皇を抱き寄せ、草薙剣を腰に差し、八咫鏡と八尺瓊勾玉を納めた箱を抱えたまま二人で海に身を投げたとされているのです。

そして、八咫鏡と勾玉は回収されたものの、二位尼と共に入水した安徳天皇は崩御し、草薙剣も海に没してしまったため、今、熱田神宮にある草薙剣はレプリカとされています。

ところが、安徳天皇が生き延びたという伝説は数多くあって、中でも南下したという伝承を「南走平家《なんそうへいけ》」といいます。

南走平家とは、壇ノ浦の戦いに赴いた平家は影武者であり、安徳天皇を含む本隊は沖縄に船団で南下して渡り、琉球王朝の初代舜天王となったという説です。

よく知られている『平家物語』の龍宮城の物語は、その安徳天皇が生き延びて琉球王朝を築いたという伝承に基づいており、また九条兼実の日記『玉葉』にも、都落ちした平家が数百艘の船に乗って備前児島《びぜんこじま》まで逃れ、そこからさらに船に乗って九州の太宰府にたどり着いたと記されています。

しかし、九州の豪族は平家の来訪を歓迎しなかったことから、泣く泣く讃岐屋島に落ちた平家は、大規模な水軍を編成することで中国・四国の瀬戸内海沿岸を掌握し、屋島と児島を拠点として再び上洛の機会を狙っていたのです。

その後、平家は沖縄に上陸し、第4代王朝時代に編集された歌集『おもろさうし』にも「雨降るなかに大和の兵団が運天港に上陸した」と記述されています。

この点に関して、沖縄の国語学者であった奥里将建氏は、綿密な考証の結果、『沖縄に君臨した平家』（沖縄風土記社）をまとめ、沖縄の地名、沖縄の古典芸能、南宋との貿易関係などを深く究明し、これを論拠として安徳天皇は沖縄の舜天王になったと述べています。

とりわけ、平安座島《へんざじま》には南走平家によってつけられたと考えられる平家・京都的な地名や物証が数多く残っており、地名では、平良、平安山（北谷村）、波平（読谷村）、高平、豊平、真栄平など「平」の付く地名は平家一門が本島の要所を押さえた証左だとしています。

実際、沖縄では名字にも「平良《たいら》」が多く、また平家の武将であった「羽地」の名字、地名、河川名などもあり、石垣島、宮古島、多良間島などでも平家にまつわる伝承が数多く残っています。

一方、琉球王国の正史である『中山世鑑』では、源為朝が琉球に流れ着いて大里按司《おおざとあじ》の妹の間にできた子が「舜天王」であったと記されていますが、実はこれは薩摩のでっち上げです。

舜天王統の祭祀を司る人物から知らされた安徳天皇の琉球史とお墓の存在

この「源為朝琉球渡来説」は、当時琉球を統治していた源氏系の島津氏に対して、「先祖が同じ源氏の血を引いている」とウソの主張するために政治的に捏造されたもので、その真実を知らしめているのが沖縄の伊敷賢先生（『琉球伝説の真相』の著者）です。

伊敷先生は、長年にわたる綿密な調査研究によって「天皇家のルーツはアマミキヨ、安徳天皇は舜天皇になった、南走平家が琉球王朝を築いた」等々の歴史の裏側に真正面から光を当てている人物です。

私は今年、ある有力な国会議員（大臣経験者）の紹介で伊敷先生にお会いすることができ、お互いに神事に携わる者として意気投合したのですが、伊敷先生は安徳天皇こそが舜天王であるとして、次のように述べています。

●沖縄に遷都された安徳天皇が母系王家の前之門の娘を娶り、屋号「御殿」という男系王家を建てた（御殿家は安徳天皇の末裔）。
●与座集落のはずれにある松尾森御嶽の大御嶽は舜天王の墓。
●宮古諸島や慶良間島、八重山諸島などにも平家の伝承が残っている。
●御殿家には舜天王統の系統図が残っており、地名や家名、祭祀の儀式も細々ながら残されているetc。

なぜ伊敷先生が琉球史に詳しいかというと、実は伊敷先生のお父さんの代から御殿家に養子として入り、現在39代目の当主として舜天王統に関する祭祀を継承されているからです。

伊敷先生が案内してくださったあるグスク（城）の御嶽の地下にある安徳天皇（舜天王）の陵墓には、天皇の立派な玉《ぎょく》が祀られていました。

伊敷先生によると、舜天王朝は12世紀半ば頃から浦添を拠点として舜天王

(安徳天皇)・英祖王・察度王と続く3つの王統が興り、約250年にわたって本島中部一帯を支配下に収めていたそうです。

つまり、南走平家・安徳天皇の子孫たちは、14世紀には浦添グスクを拠点に勢力を拡大し、琉球史上初めて中国(明)と公式に貿易を始めたほど進んだ政治を行っていたということです。

これはまさに、海を司るスサノオの霊統ならばこその快進撃といえます。

伊敷先生に教えていただいたことでとりわけ驚いたのが、私が以前から「ここを開かないと神通が起きない」と思っていた沖縄のある場所があったのですが、まさにその場所にスサノオが祀られていたのです。

その場所はわけあって明かせませんが、そのスサノオの祠(天蓋)が残っている場所で神を通すご神事を執り行うことができれば、安徳天皇が継承されたスサノオの霊威が現代に蘇って、沖縄と日本列島が霊的に和合することになります。

しかも、今年(2023年)は本来の干支でいうと「癸卯」(みずのと・う)で、これまでの成果が実る年です。

　このタイミングで伊敷先生とお会いできたのは、まさに神はからい。なので、ぜひ今年中には伊敷先生と共に沖縄で神を通すご神事を執り行いたいと考えていたところ、つい先頃その裏鬼門を開くことができ、５年越しの悲願を達成することができました。

第5章　初国を知ろしめすために

ハックニシラスとは地球規模の原点回帰をはかること

スサノオ一行は、大海原を知ろしめすために古代ヤマトから世界各地に渡って行ったわけですが、それは同時に「初国を知ろしめす」ということでもありました。

「ハックニシラス」という言葉は、初代天皇を示す言葉として記・紀にも出てきます。

記・紀では、共に神武天皇が初代天皇として即位し、その後の2代から9代の天皇は系譜的な記述だけで、特に物語が記されないところから欠史八代と呼ばれます。

そして、第10代崇神天皇は、『古事記』では「所知初国之御真木天皇」、『日本書紀』では「御肇国天皇」、『常陸国風土記』でも「初国所知美麻貴天皇」と記されているところから、神武天皇と崇神天皇ともに「ハックニシラススメラミコト」と呼ばれていたことになります。

このことから、二人のハツクニシラス天皇の謎とされ「初代天皇は一体誰なのか？」という議論が今も続いていて、歴史研究家の中でも見解が分かれています。

これは、表と裏の歴史が複雑に交錯していて朝廷内の勢力争いがあったためですが、そもそも古典神道では「ハツクニシラス」とは政治的な統治者を指すのではなく、神々による国生みの原点を世界に知らしめた日本の霊的な役割を意味します。

かつて地球規模の大洪水が起きてから、何度も洗い直しがあり、今回はいよいよ最終の洗い直しの時期で、新たな文明を築くための岩戸開きが求められている時代です。

岩戸開きとは根源的なヒ（陽・火・霊）を再び世に放つこと、つまり、創造神・祖神の思いに立ち返る地球規模の原点回帰であり、世界を一新することです。

そこで、長老民族としての日本人に、再びハツクニシラス（初国知らす）、すなわち光一元の原理によって大調和を築くという重要な任務の遂行が求められているのです。

古典神道の流れを汲む大本では、それを世の立て替え・立て直しと言いました。

つまり、それまで封印されていた艮の金神に復活していただいて理想の地球を再生する、出口王仁三郎はそれを「弥勒の世」と呼んだのです。

地球は宇宙から見た縮図・雛形で、世界から見た雛形が日本です。

なので、まず日本において弥勒の世の礎を築く必要があるということで、それが大和合による新たな国生みです。

記・紀の国生み神話については、皆さんもよくご存知でしょう。

天上の神々から国づくりを命じられたイザナギとイザナミが、天の浮橋の上に立って下界の様子を眺めたところ、下界はまだ混沌としてクラゲが海面を泳いでいるような状況でした。

そこで、二柱の神は神々から授けられた矛を海中にさし降ろすと、海水を力いっぱい掻き回し始めます。

しばらくして矛を引き上げてみると、矛の先より滴り落ちる潮がみるまに積もり重なって於能凝呂島《おのころじま》という島ができます。

二柱の神はその島に降りたつと、天の御柱という大きな柱をたて、柱の回りをイザナギは左から、イザナミは右からそれぞれ柱を廻りあい、そして出会ったところで「ああなんとりっぱな男性だこと」「ああなんと美しい女性だろう」と呼び合い、二人で多くの島々を生みました。

初めに生まれたのが淡路島、次に四国、隠岐島、九州、壱岐島、対島、佐渡島を次々と生み、最後に本州を生みました。

こうして八つの島が生まれたところから、大八島国と呼ぶようになり、これが日本の国土の始まりとなった――これが記・紀の国生み神話です。

天祖の祈りのエネルギー体である人間ならばこそ禊によって原点回帰ができる

この国生み神話を古典神道的に解釈すると、こうなります。

「天祖三神」（天の始まり・天上界）

1、アメノミナカヌシ：宇宙の星々を統率する神

2、タカミムスビ：精神を司る神

3、カミムスビ：物質を司る神

この天祖三神の御働きの真ん中がブラックホール（天之御中主）＝（天之御親）

天祖の意図によって働くのが次なる「循環の摂理」（地の始まり・地上界）

4、アメノトコタチ：天祖の思いが凝縮されて要素ができ
5、クニノトコタチ：それぞれの国土（クニ）が形成される

万物の創造神である天祖三神（祖神）の思いは、神々の住む天上界・高天原を地上に顕現すること、つまり「地球をユートピアにする」という思いで、この世の国づくりはすべてここから始まります。

そして、人間の本質・本体は、この天祖（祖神）の思い・祈りが込められたエネルギー体（霊魂）であって、それゆえ神の分霊《わけみたま》といいます。

ですから、どんな人の中にも神性（光）が宿っていて、その直日《なおひ》を開花させることが神の子である人間としての役割であり、輪廻転生の目的でもあります。

つまり、各々が自分の天命＝魂の役割（色）を存分に発揮しながら、七色の虹のようにみんなで調和した社会を築くこと、これが地球人類の原点だということです。

この大調和した地球の原型こそが「初国」（ハツクニ）で、今こそ私たちは

その原点に回帰しなくてはなりません。

これまで、人類は天祖の思いや自分の天命を忘れ、物質やお金に支配され、目先のことで一喜一憂し、罪穢れを積み重ねてきました。

誰もが神の子としての天命を持って生まれてきたにもかかわらず、そこから大きく外れてしまっている……。

だから今、原点回帰をしなくてはならない、それが「ハツクニシラス」という意味です。

そこで初国に立ち戻るためにはどうすればいいのか？

それは一人ひとりが「禊」をすること、そして社会全体の禊も必要です。

天祖の祈りのエネルギー体である人間ならばこそ、禊によって原点回帰ができるのです。

禊をすることによって、天の要素、地の要素をもう一度この世に蘇らせる、とりわけ長老民族である日本人はそれを率先して行う必要があります。

日本神話では、男神のイザナギが、亡くなった妻のイザナミを追いかけてあの世まで行き、この世に戻ってきた時に、穢れた自分の身体を海で禊をして清めたことで、そのイザナギの身体からアマテラスやスサノオなどの神々が生まれたとされたことから、神道では禊は最も大事な儀式の一つとされています。そこでまず、自分自身の禊が求められるわけですが、禊は「塩」と「水」によってもたらされます。

古来より、日本人は塩と水で祓い清めを行ってきました。その理由は、塩＋水＝電解質（イオン）によって身体の電気の流れが促され、元の意識体のモーターが再起動するからです。

この元の意識体のことを古典神道では直霊《なおひ》といいますが、直霊を開いて本体意識に立ち返ることが禊です。

なぜそれが必要かといえば、人間界は愛在るがゆえに憎しみや妬み、嫉みなどの否定的な感情が生まれ、過去世のカルマや今生での人間関係のもつれによって心が曇り、直霊が閉ざされてしまっているからです。

そこで、意識的に自らの不浄を取り除いて祓い清めることによって、天祖の思い（祈り）と響きあい、本体意識（直霊）のスイッチを入れ直す必要があるのです。

私が日頃から皆さんに禊を勧めているのもそのためで、禊は古典神道や修験道の最も重要な行法の一つです。

長老民族としての日本人が率先して禊をすることが初国知らす第一歩

私は枚岡神社（東大阪市）のお滝場で定期的に禊の指導を行っていますが、大事なのはできるだけ日頃から習慣として水行を続けることです。

水行とは神仏に祈願する際などに冷水を浴びる行為のことで、水垢離《みずごり》ともいいますが、特に滝に打たれたり冷水にこだわらなくても、ただ霧の中を歩くだけでもそれなりに禊の効果はあります。

大事なのは清らかな波動を浴びることで、霧の中に入るだけでも毛穴に詰まった邪気が外に出ていって毛穴が開いて霊的なセンサーが敏感になります。

つまり、毛穴が開くと本体意識（直霊）のスイッチが入りやすくなるのです。

現代人は毛穴が詰まっていて、神威を感じ取るセンサーが鈍くなっているので、できるだけ波動の高い生きた水を身体に取り入れたり、聖水を浴びることをお勧めします。

古典神道が禊を伝えてきたのもそのためで、その禊行を現代に復興したのは、明治から昭和初期にかけて活躍した神道界の巨人・川面凡児《かわつらぼんじ》先生です。川面凡児は、山岳修行ののちに神道を体系化し「祖神《そしん》の垂示《すいじ》」としてまとめ、人間は神の子であるとして、神人合一《しんじんごういつ》のための禊行を全国に広げました。

私はその川面凡児の直弟子で神社庁の監査役を務められた中西旭先生から禊行を学びました。現在各神社で行われている禊行の多くは川面凡児の行法に則って行われていますが、複数人で一緒に禊を行うことでその場の波動がより高まります。

私もご神業の旅でたまに地方に行くと、皆で海に入って禊をすることがありますが、海水のおかげで波動が瞬時に伝わり、参加者もそのすごさを実感するようです。

これは自然界の生きた水はそれだけ波動が高いからで、皆で海に入って一斉に禊をすると世界に向かってその浄化の波動が伝わる感じがします。

だとすれば、神と一体となるために禊をすることがハツクニシラスの第一歩になるはずです。そこで、長老民族としての日本人がまず率先して皆で一斉に禊をしてはどうか……今、そんな計画を思い描いているところです。

また禊行の他にも、元来、日本には神霊と繋がりやすい場所や神威を感じ取るための装置がたくさんあります。

それは、神が宿る磐座（巨石）や、木や川などの周りを青竹などで囲み注連《しめ》縄《なわ》を張って神座とする神籬《ひもろぎ》などで、神籬の中央には榊《さかき》や紙垂《しで》を取り付けた串を置いて神々の依代《よりしろ》としてきました。

昔から神社にある注連縄も同じで、いずれも神霊を迎える依代です。

こうした神の依代は、言わば聖なる磁場であり、神域である常世《とこよ》現世《うつしよ》の端境を示し、結界としての役割も果たしています。

さらにそれが山の神、里の神、田んぼの神や水の神、トイレの神等々、まさに八百万の神として神聖視され、常に暮らしの中で神々や先祖と共に生きてきた。言い換えれば、それだけ昔の日本人は波動に敏感で、波動の原理に則った生活様式や生活習慣を続けてきたわけです。

これは、日本人は物質を生じさせている虚空の振動（聖なる波）までも感じ取っていたということです。

つまり、万物万象はすべて精妙なる動き（波）によって現象（物質）化している、縄文時代の倭人たちはそれをキャッチする振動感受性が豊かだったということです。

この神威（神意）を感じ取る振動感受性を取り戻して本体意識（直霊）に立ち返ることが、魂の原点回帰、ハックニ回帰に繋がります。

この大宇宙・自然界にはさまざまな波動が満ちていますが、とりわけ、神仏の思い＝高次元のエネルギーと共鳴したり、相手の中にある直霊と感応した時に、鳥肌が立ったり、すぐさま「そうか！」「なるほど！」と腑に落ちたり、心から感動を覚えるものです。

ですから、言霊や音霊もただきれいな言葉を口に出せばよいというものではなく、そこに神意と響きあう無私の願いが乗ってこそ祈りの波動が伝わり、相手の心を大きく揺さぶることができるのです。

ですから、まず自分自身が禊によって直霊を開くことが何より先決で、禊の習慣を持つ人たちが増えればそれだけ弥勒の世も近づくはずです。

禊の習慣はいにしえより世界各地で継承されてきた

これまで人類は、物質文明に偏って争いばかりが増えてきましたが、これからは調和に向けて精神文明との融合を図らなくてはならない仕上げの段階に来ています。

そこで、地球人類が大調和の星に至るためには、ここで初国の原点に立ち戻り、光一元の原理と自然の摂理に則った循環型の生活様式を取り戻す必要があります。

幸いなことに、日本ではそのような伝統文化や生活様式が現代にも引き継がれていて、その代表的なものの一つが禊と神楽です。

そもそも、禊の習慣はいにしえより世界各地で継承されてきました。

海水に身を浸す禊は、時代を経るに従って仏教とも融合しながら沐浴や滝行といった修行になり、また葬式の後で使われる「清め塩」などもその変形ですが、こうした禊・沐浴の風習は世界各地の宗教にも見られます。

ユダヤ教では、「ミクヴェ」と呼ばれる身を清めるための特別な沐浴施設が用いられますが、これは一般的な浴槽や水浴び場ではなく、自然水が入った溜池から沐浴用プールに水が注がれる構造です。

つまり、いわゆる生活用水の溜池と、聖性のためのミクヴェは構造において明確に区別されており、これは信仰の証として聖水に身体を浸すキリスト教のバプテスマ（洗礼）と類似しています。

カトリックでは洗礼によって得られるキリストの救いを奇跡と捉えており、原罪と自罪、両方の罪の赦しを得られる儀式とされています。一方プロテスタントでは、キリストによって救われる証と捉えているため、クリスチャンとして生まれ変わることを意味します。

カトリックとプロテスタントに共通しているのは、洗礼はイエス・キリストを追随することの宣言であり、聖水は、イエス・キリストを受け入れた人に対して神様の祝福を求めるもので、身体だけでなく、いろんなものに聖水をふりかける習慣があります。

また、インドのヒンドゥー教では、神々が集まるとされる水辺で行われる沐浴は祭祀儀礼を構成する重要な要素であり、特に大河での沐浴はより罪や汚れ

河内国一之宮・太古の聖域「枚岡神社」主祭神は天児屋根命（アメノコヤネノミコト）

枚岡神社内の禊場

大峰山龍泉寺・竜の口で禊を行う筆者

が消えるとされていることもあって、ガンジス川での沐浴がよく知られています。

日本の場合は、前述したように明治末期から昭和初期にかけて活躍した川面凡児によって広く一般に知られるようになりました。

川面凡児（1862〜1929年）は、15歳の頃、宇佐八幡宮の奥の院・馬城峰で700歳を超える仙人から禊行を伝授されたとの伝承が残っており、それによって室町時代まで途絶えていた禊行を再び世に知らしめたのです。

その川面凡児の直弟子が私の師に当たる神道家の中西旭先生で、中西先生亡き後、私が禊行を継承させていただいてかれこれ30年ほど経ちます。

直霊を開くための禊は、現代風にいうと、自然界の力を借りて邪気を祓い、生命エネルギーである元気を体内にみなぎらせるための行です。

またそれと同時に、古来より、世の中の大難にあたっては神の憂いによって社会全体が大いなる禊を受けることがあります。

それは人々のおごりに対する神々による浄化作用です。そのため、時に大きな地震や津波などの天変地異が起きることもありますが、その大自然の禊によって社会全体の浄化が促されるわけなので、決して不安や怖れをいだくことなく、どんなときにも神の子として和合礼道の精神で生きる心構えが大事です。

内なる直霊と毛穴を開く禊の勧め

河内の国の一之宮である枚岡神社は、初代天皇の神武天皇が大和の地で即位される3年前に創祀された大変由緒のある神社です。

現在の春日大社ができる前の元宮であったことから「元春日《もとかすが》」と呼ばれており、ご祭神は天児屋根命（アメノコヤネノミコト）です。

この神様は、アマテラスが天の岩戸に隠れられた時に美声で祝詞を奏上された神様で、枚岡神社の主祭神であると共に神主の始祖神ともいわれており、国家安泰、平国の社といわれています。

創祀当時は、現在の枚岡神社のある場所より少し離れた生駒山を登った神津《かみつ》嶽《だけ》と呼ばれる場所にあったことから、禊（滝行）を行う前には神津《かみつ》嶽《だけ》に登り、参拝します。また、禊の行は当地だけでなく、海で行うこともあります。
禊のやり方は次のとおりです。

●一般男性は、基本的に白いふんどし、女性は白装束を身につけます。
●水に入る前に、塩で身体→禊場→口の順に清めます。
●次に、祓いの神であるハラエドノオオカミに対して二礼・四拍手をしてから行場に入り、掛け声と共に鳥船《とりふね》と呼ばれる船を漕ぐような動作をします。
●雄健《おたけび》、雄詰《おころび》、伊吹《いぶき》を行いながら、心を無にします。
●滝の下に身体を置き、滝に打たれながら手で九字を切ります。
●最後にまたハラエドノオオカミに対して感謝を捧げて禊場を出ます。

■参考動画
https://www.youtube.com/watch?v=v9vpi6_iRJE
https://www.youtube.com/watch?v=5EvJAMmFPMY

第6章　神が与えた長老民族の使命と古典神道の原理

日本の神楽《かぐら》には呼吸法や足歩行などの伝統的な行動様式が含まれている

神の分霊としての直霊を開いて本体意識を取り戻す――初国の長老民族がそれができれば、それが雛形となって世界人類の目覚めと和合に繋がるはずです。禊と同様、直霊を開くうえでとても大切な生活様式の一つが、「神楽《かぐら》」です。

神楽の発祥は、古代メソポタミアの「大自然との対話」や「祈りの形」を踊りで表現する「ラクス（楽す）」とされ、これが紀元前3600年頃に「神を楽にする」「大自然を楽にする」日本の神楽に繋がったといわれています。

自然や神様に対して、歌や踊り、詩歌などを捧げる伝統文化は世界各地で見られますが、日本の神楽も基本的にそれと同じです。

日本神話では、岩戸に隠れてしまったアマテラスに出てきてもらうためにまずその場をきれいに整えて禊を行い、アメノウズメが鎮魂のための舞を舞ったことで再びアマテラスが登場したとありますが、これが神楽の原点です。

これは、ヒ（火・霊）が欠けて天地の秩序が乱れた時には禊と鎮魂のための神楽の舞が必要で、そこで人々が神の祈りの心を取り戻した時に再び世の中に希望の光が差し込んで美しき国が再生できるということを示唆しています。

実際の神楽の舞や所作には、正座や拝礼法から始まって呼吸法や音を立てないすり足歩行など、日本の伝統的な行動様式がすべて含まれています。

このように、日本の神楽は魂を鎮めて神に祈りを捧げるための舞踊ですが、アジア太平洋地域に伝承されているさまざまな伝統舞踊なども日本の神楽とよく似ています。

インド・バリ島・ポリネシア諸島の伝統舞踊ポリネシアンダンスは、元々は神話や文化の伝承のための伝統的な踊りで、ポリネシア文化圏の中で踊られているダンスです。

ハワイではカヒコ、タヒチではオテア、サモアのファイヤーナイフダンス、アオテアロア（マオリ）のカバ・ハカ等の各島々に伝統的な踊りがあり、18世紀以降、一時はキリスト教の迫害により下火になったものの、西洋文化との接触によって現代舞踊として発展したという経緯があります。

そもそも、ハワイの人々は大切なことをすべて祈りに込めて伝えており、これはすべてのものに精霊マナが宿ると信じており、神様や自然への感謝の気持ちと祈りをとても大切にしていたからです。

古典フラ（カヒコ）は踊りとしても美しいだけでなく、古来、神に捧げる神聖な踊りでもあり、先史時代のハワイでは宗教儀式の一部だったそうで、神話によるとこの世で初めてフラを踊ったのは女神ラカだといわれています。

ハワイ諸島の一つモロカイ島のある洞窟で女神ラカが踊った踊りがフラの起源とされていることから、ラカは今もフラの守護神とみなされており、ラカを祀る祭壇を設けるハラウ・フラと呼ばれるフラの学校も多いようです。

また、日本の沖縄に残っている琉球舞踊のルーツも、神々に対する祈りと感謝の祭りから始まっています。島の人々は五穀豊穣を祈り、その祈りの詞が歌になり、拝む手はそのまま振りとなって島人は歌と踊りを通じていつも神々と一つに結ばれてきたのです。

沖縄と同様に、縄文人の末裔であるアイヌの古式舞踊も、彼らが「カムイ」

と呼ぶ神々に捧げる舞踊です。

アイヌの古式舞踊の踊り手はほとんどが女性ですが、剣の舞は主に男性が舞うものです。

剣の舞では霊力を宿すとされるアイヌ刀を使用するのですが、この刀は強さを表現するためではなく、美しく舞踊を盛り上げる演出のための小道具です。

このように、世界各地の民族舞踊は人々が神様やその土地の神霊たちと共に楽しく暮らすための歌や踊りによる宴であって、いつの世も新しい時代の幕開けには必ずみんなで神楽を舞い、さまざまな神事芸能として後世に引き継がれてきたのです。

創生神楽の舞台「魂の救済者・セイビア」に込めた思いとは？

私が創始した「創生神楽」は、神や自然に対する畏敬の念や表現方法をそのまま残した現代風の神楽です。

「わび・さび」「おもてなし」などという先祖たちの心、日本の武道に繋がる日本古来の型や動き、呼吸法なども取り入れ、伝承をしっかり守ったうえで、新たなパフォーマンスや振り付けを加え新しい演出方法で創生した現在進行形の神楽です。

神楽の動きには、昔の人たちの伝統的な身のこなし方、生活様式が残っていることから、それを実習することで自然に身体の姿勢（体幹・軸）や所作が整い、その結果、心身共に丈夫になります。

なので、神楽教室は初心者歓迎で、稽古はすり足などの基礎的な動きから、龍舞など丁寧に指導していきます。山伏直伝の健康法で、日本人の心身に寄り添った健康促進法を実践することで健康な身体と精神、そしてさまざまな神楽の技を磨いていますので、ご興味のある方はぜひホームページ http://kagura.jp.net/ をご覧いただければ幸いです。

この創生神楽を、国境を超えて広く世界の人々に示すことによって世界平和に寄与したいという思いから、これまでイスラエル、フランス、スペイン、バチカン市国等々で開催すると共に、今年もまた未来創生舞台「ＳＡＶＩＯＵＲ

2023年９月17日：東大阪市創造文化会館大ホールにて開催

～魂の救済者」を地元の東大阪で開催しました。

舞台「セイビア」は神楽伝承から成る呪法や御形、大自然の声を歌い上げた曲目、心の岩戸を開くストーリーを用いて我慢と偽りで固められた心の扉を開く各自再生の物語です。

舞台「セイビア」では、造化三神から国づくりを託されたイザナギ、イザナミの国生み神話をモチーフに物語が展開していきます。

国づくりを行った後、常世に旅だったイザナミは、そこでイザナギに辱しめを受け、イザナミは「１日に１０００人殺す」と言い、イザナギがならば「１日に１５００人生もう」と返し、その二人のやり取りから、人間界は愛在るがゆえに憎しみや妬みが生じるようになりました。

そして、この世の繁栄と衰退という歴史の循環が繰り返され、その度に文明の洗い直しが起きて新たな国づくりが求められてきた……。

そのような歴史の記憶を辿りながら、「私たちは今どこにいて、今後どちらの方向に進めばよいのか？」観る人の心にそれを問いかける内容になっています。

この舞台で私が伝えたかったのは、神武の時代より3千年、これまで8度も扉が閉じられ、心の目を失った民衆は目先の物欲に囚われてやがて隷属化されてゆき、そこにたった一つの光明の絆が伝えられた、それが神楽だということです。

神、大自然、人々を魂のバイブレーションで繋ぎ、新たな光を創生する源としての神楽を観ていただくことで、人々は地球滅亡と再生のどちらの道を選ぶのか、それをご自身に問うていただきたい、それが舞台「セイビア」に込めた思いです。

万国スメラの権限を引き継ぐご神事を先導してくださった土居正明先生

「万国スメラの権限を日本人が引き継がないといけない!!」

今から7年ほど前、そんな力強い言葉をかけてくださった人物がいます。

その人物の名は、土居正明《まさあき》先生です。

土居先生は、幼少の頃から現在の地球への違和感がぬぐえず、18歳から日本神話や古代日本史、カバラ、老子、易、言霊、数霊など古今東西のあらゆる秘教の研究を始められ、カタカムナや言霊を独自の科学的な視点で読み解く一方で、日本人の覚醒を促すための裏神事をされていた稀有な科学者です。

特に皇道や古神道・神仙道の造詣が深く、各地で勉強会を開いたり、2012年には国歌「君が代」に秘められた日本人の心の原点が子どもたちにも伝わるよう、絵本『きみがよものがたり』（新日本文芸協会）を刊行されるなど、数多くの人たちを指導・啓蒙されました。

私が土居先生と初めてお会いしたのは2016年の春、その際、土居先生は私の素性を知って「万国スメラの権限を日本人が引き継がないといけない。あなたがぜひ神様にそれをお願いしてその任を引き継いでほしい」と唐突に言われたのです。

万物スメラとは、文字通り神々の力を借りて世界人類を大調和に導くことであり、そのために初国の光一元の原理を再び世界に示すことです。

小さい頃から修験の世界で生きてきた私は、修行者である自分はあくまで神仏に仕える身であり、弥勒の世ができればお役目は終わりと思っていたので、自分から神様に何かをお願いするという気持ちはありませんでした。

しかし、土居先生は「一刻を争う。それなら僕が神様に頼むから」と言って、半ば強引に万国スメラの権限を委譲していただくご神事を一緒にする運びになったのです。

土居先生はいつもなら他の修行者とは一緒に神事をされないのに、その時だけは、「最後にお隠れになった応神天皇に権限をもらいに行かないといけない」

とのことで、九州の宇佐市まで私を先導してくださいました。

土居先生によると、世界各国の王家は五色人の親である日本の天皇家と血統的にも繋がっていて、その万国スメラの権限を最後に引き継いだのが応神天皇だということでした。

私はその経緯については知らなかったのですが、どうやらその権限をフリーメーソンが奪い取ろうとしているらしく、そうなると日本も世界も破滅に向かうとのことで、応神天皇から万国スメラの権限をいただくというのがその時のご神事の目的でした。

応神天皇（第15代天皇）は、三韓征伐へ出陣していた神功皇后の子として生まれたことから万国のスメラとして育てられ、秦氏や漢氏など渡来系氏族を積極的に受け入れ、土木、養蚕、機織などの生活技術を導入すると共に大アジアを治める権限を持っていたのです。

『古事記』の中では領地の視察や婚姻によって新たな氏族と繋がるなど武勇伝が多く、出世や成功、家運隆昌の象徴として源氏の氏神となり、また全国に4万社以上ある八幡様の総本宮である宇佐神宮のご神祭・八幡大神としても知られています。

私たちがご神事を行ったのは、その宇佐神宮の奥宮である大元《おおもと》神社《じんじゃ》が鎮座する御許山です。標高は６４７ｍ、神代に比売大神が降臨した神域です。

宇佐八幡は、かつて天皇の座を狙っていた道鏡の思惑を見破った和気清麻呂が八幡神のご神託を受けた場所でもありますが、私は最初「ＵＳＡ」という文字を見て、「何かアメリカと関係があるのかな？」と思いました。

当日、御許山の頂上に向かう途中で「私は自身の都合で神様に願いをかけてはいけないと御師匠から言われていたので、万国皇《すめら》の表の権限を頂くような大それたことは頼めません」と、土居先生に言いましたら、「なるほど、よくわかりました。それならば私が神様に頼みましょう」と、山を登りながら、会話をすすめ、そのうち私には次のような啓示がありました。

「十種《とくさ》神宝《のかんだから》祝詞《のりと》を逆さに唱えなさい」というのです。

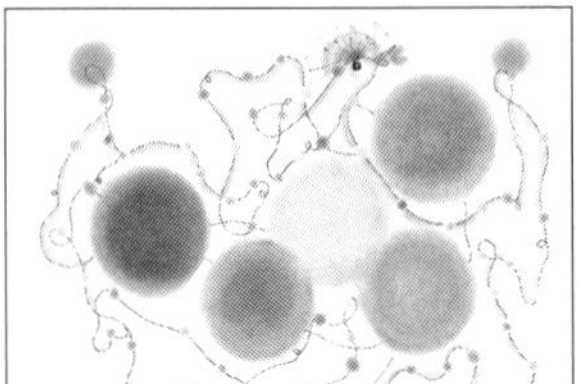

土居先生がペンネームで出版された絵本

それまで祝詞を逆に唱えたことなどなかった試みを3回ほど失敗したものの、何とか奏上することができ、八拍手をして「弥栄《いやさか》！」と唱え儀式を終えました。するとと、見る見るうちに霧が晴れ渡ってその場の風景がすっきりと見渡せるようになり、ご神事が無事成就したことがわかりました。

私が国家神道の中核・山蔭神齋80世を継承し、山蔭員英を襲名したのはそれから3か月後のことでした。

その時、私は改めて、土居先生が先導してくださったご神事のおかげで、万国スメラの権限が晴れて日本人の手に戻されたという確信を得たのです。

土居先生は、残念ながらそれから4年後の2020年8月13日に昇天されましたが、御霊《みたま》は今も私の傍にいて、神仏と共に日本人の魂が目覚めるよう力強く後押ししてくださっています。

長老民族として神から与えられた使命、それは人々の霊的目覚めを促すこと

宇佐八幡の御許山でご神事を執り行った後、神はからいを感じることが多くなり、私たち人間を動かしている大いなる意思の働きかけに感応する出来事も急激に増えていきました。

創造神・祖神はなぜ人間をつくられたのか？　なぜ初国をつくられたのか？　地球人類をどのように導こうとされているのか……。

そこに意識を合わせていくと、今、日本人として生まれてきている人たちは「弥勒の世」を築くことを自ら志願してきていることがよくわかります。

かつて地球規模の大洪水が起きた後、新たに海洋・縄文文明を築いた魂たち、その太古の記憶を持つ古い魂たちが生まれ変わって来ているのが今の日本です。

そのスサノオの魂たちは、今の社会には馴染めず、かつては新人類、クリス

タルやレインボーチルドレンなどと呼ばれ、改革や創世という言葉に強く惹かれる人たちで、彼らはクニトコタチの「新たな地球を創れ！」という声を魂で聴き取ってきたに違いありません。

太古のスサノオの魂たちは、北米大陸に飛来し、白人種をつくった後にユーラシア大陸でシュメール文明を興したわけですが、そのシュメール人の子孫たちが日本に戻ってきて弥生時代を開き、その延長線上にある近代社会の一員に入った日本は先の大戦でアメリカに負けました。

しかしそれは、現代の倭人、すなわちスサノオの子孫たちが再び魂の自由を取り戻したということです。

再びこの地からハックニを興す、原点回帰の大波が訪れたのです。

天の神々がイザナギとイザナミに「国土を修理固成《おさめつくりかため》せ」と命じられたように、人類の長老民族に対して「今度こそしっかりと地球をつくり固めるように」との〝天の勅令〟が下ったのです。

ということは、まずは自分自身から始めて、一人でも多くの人々の霊的覚醒を促すこと、それが神から与えられた初国日本人としての使命であり、役割だということです。

太古の時代、1万年以上にわたって調和社会を築いてきた私たち長老民族の歴史に比べて、現代の物質文明をリードしてきたヨーロッパの白人主導の歴史は、たかだか800年に過ぎません。

ポルトガルとスペインが先鞭をつけ、続くオランダ、イギリス、フランスが海外進出を進めた大航海時代、そしてそれ以降、アフリカ、アジア、南北アメリカ新大陸への進出によって白人による植民地の拡大と共に西洋の思想・宗教・文化が世界を席けんしました。

しかし、それは「瞬き3000年」という古典神道のスパンで見れば、わずか800年というごく短期間の出来事であり、言わば彼ら騎馬民族による一時的な〝洗脳〟に過ぎないのです。

それに対して、縄文時代から脈々と続いている長老民族の文化は1万5000年以上です。

しかもその叡智は各国の王家にも伝わっていて、また同時に、世界各地の先住民族の中にも人類基層の共通文化として移植されているのです。

それは、すべてのものに魂が宿るアニミズムや自然信仰、自然と共生する生活様式、あるいは「道」と名のつく日本のさまざまな伝統文化や神事民族芸能等々、今まさに世界中が注目しているもので、その根底にあるのはすべてを統べる霊性・霊学です。

人種や民族、宗教や政治体制といったあらゆる壁を越えて人の心に慈悲と愛を育み、人類の調和と発展を促す原動力が霊性であり、見えない世界を紐解く霊学です。

水面下で継承されてきたこの長老民族の叡智（霊性・霊学）と自然と共生する生活様式を再び世界に届けること、それがハツクニシラスであり、地球人類大調和の雛形となるために万国スメラの権限が日本人に託されているのです。

スメラミコトとは大御心を持って万物・万国の調和と発展を願う魂の祈り人

そもそも、古典神道におけるスメラとは、天皇という存在に限りません。

万物万象すべてを統べるもの、つまり宇宙の統率者であるアメノミナカヌシと同じような慈愛と叡智に満ちた精神的権威者のことです。

かつての、沖縄の「聞得大君《きこえおおきみ》」もそのような存在でした。

聞得とは名高いという意味ですが、聞得大君は最高位の権力者である国王を守護する「姉妹神」（オナリ神）として、国家の繁栄、航海安全、五穀豊穣などを祈願する巫女です。

歴代の聞得大君は、国王の姉妹や王女、王妃などが就任し、彼女たちが国王を決定する神事や国家祭祀を執り行ったのです。

つまり、女性の霊力に対する信仰をもとにしたオナリ神の最高位の呼称が聞得大君で、それと同じような女性の霊的指導者は、邪馬台国（ヤマト国）のヒミコ（現在の徳島）や紀国（現在の和歌山県）名草地方のナグサトベ（名草戸畔）、九州・八女の由来となったヤメツヒメ（八女津媛）、高志国（現在の福井県から新潟県）のヌナカワヒメ（奴奈川姫）など、縄文の女性酋長（首長）として各地に存在していました。

そのような大巫女（シャーマン）は、精神的権威として民から崇敬され、この世の政治を司る男の権力者よりも優位な存在でした。

この大巫女こそ、慈愛と霊威に満ちた魂の祈り人であり、世俗の政治を超越して霊的に民を統べるスメラミコトです。

したがって、万国をスメルものは、全人類に対してわが子のように惜しみなく愛を注ぎ、自立と成長を促しながら大調和へと導く任があります。

これは、仏の菩薩行や観音行とも相通じるものです。

観音行に励む者は、大衆の良いことも悪いことも瞬時に感じ取って寄り添い、愛と叡智によって調和発展に導くと同時に、分離・対立した者同士を上手に和合させる調停役的な存在でもあります。

そこにあるのは、どんな人をも差別なく受容する器の大きさと、愛と調和の社会を築いてほしいと願う親心であり、それを大御心《おおみこころ》といいます。

このように、一人でも多くの人の霊的覚醒を促して、世界中の人々にハックニを知らしめすのが万国スメラ人の役割であり、これこそ神から与えられた長老民族の使命です。

そしてそれは、人種や宗教を超えて「人は何のために生まれてきたのか？」を思い出させること、すなわち魂の記憶を蘇らせることでもあります。

この点に関して、古典神道では神がつくった人間＝地球人のことを「青人草」といいます。

なぜ青かというと、水の惑星に住んでいるからです。

つまり、地球＝水の惑星＝青で固められるクニ、こんな青いアクアのクニは太陽系以外にはありません。

そして、神様の宿る木を「一柱《ひとはしら》」と呼び、そこから分かれ出た者が青人草です。

つまり、青人草＝人間とは、天の思いを地に具現化する光の体現者であり、

『旧約聖書』のエデンの園に登場する「生命の樹」もここから来ています。

この生命の樹から神の意志を受け継いだ子どもたちが枝となるわけですが、枝分かれした霊串は時として争いにより神気が枯れるので、気枯れ＝穢れを祓い元の神気をいただくのが玉串（霊を串通す）＝霊串奉奠《たまぐしほうてん》です。

このように、私たちは誰もが神の意志を継ぐ青い星の青人草として、生命の樹から枝分かれしながらそれぞれ使命を受けてこの世に生まれ出たのです。

これは光一元の原理と同じで、人類はすべて元一つの木（光の種）から枝分かれした存在であって、みな兄弟なのです。

そして、その枝分かれしたそれぞれの民族や一人ひとりに役割・使命があって、各人がその役割を果たすことで生命の樹に美しい大調和の花を咲かせることができるのです。

これが、人間がつくられた理由であり、私たちが生まれてきた目的です。

肉体（水）の中の霊性（火）を輝かせることで神人合一に至る

ところが、現実生活では、目に見えるものがすべてとする唯物論という洗脳によって多くの人がそれを忘れてしまっている……。

現代は科学至上主義なので、すべてエビデンスで捉えますが、そもそも科学自体がまだまだ遅れていることに気づいていないのです。

今の科学は物質や現象を対象にしていますが、物質や現象が生じる前には必ず目には見えない何らかの動き、波が生じています。

人間の五感では捉えきれない音波、波動、波長があって、それらが具現化して初めて物質や現象が起きるわけで、たとえば、民謡や唄い、祝詞には楽譜がないのはそのような目に見えない波長を感じ取り、こぶしやうねりなど楽譜では捉えられない響きを伝えているからです。

これは、物事を「0か1か」のどちらかでしか考えない人には理解し難いでしょう。

結局のところ、そのような唯物思考の成れの果てが「今だけ、金だけ、自分だけ」という価値観や今の物質文明のさまざまな問題を引き起こしているのです。

したがって、弥勒の世＝理想の社会をつくるためには、唯物論を超えて目に見えない世界に対する人類の叡智（霊学）とそれを感じ取る霊性（振動感受性）を取り戻すことが重要です。

そのために、自分自身が神の子、青人草であるとの自覚を持つこと、すなわち魂の記憶を呼び覚ますことが大事で、このアクアのクニで一番初めにそれを知らしめる役目を命じられたのがスサノオだったのです。

スサノオは青い星の龍ですが、中国では青龍は天や太陽が昇る東を司ることから、発展・成功・勝利をもたらすとされ、また空海が恵果法師から真言密教を受け継いだのも青龍寺（元の名は霊感寺）でした。

つまり、神々から「大海原を知ろしめせ」と言われたスサノオは地球＝ハツクニの運営や教育を命じられたわけで、今再びそのような霊的な教えが求められているということです。

その点、古典神道には、縄文から続く自然界の原理に基づく霊学がベースにあります。

最も基本となるのが、人は「水」であり、「火」によって神人合一できるという教えです。

火と水はどちらも極まった対極のエレメントですがお互いに補い合う同質の関係にあります（ちょうどこの原稿を書いている時にそれと同じテーマのディズニー映画が上映されていますが、これもきっと何か意味があるのでしょう）。

火・霊・氷は同じ極まったもの、というのが古神道の根本原理です。

水：水蒸気が極まると地上に降る＝エネルギーの下降
火：鉄と石を擦り合わせて生じる＝エネルギーの上昇

また、古典神道では水と火の関係を次のように捉えます。

水：肉体＝物質

火：霊（魂の火・直霊）＝目に見えないエネルギー

このことから、肉体（水）の中の霊性・直霊（火）を開花させることで火（カ）と水（ミ）が極まって神人合一に至ることができる――これが、古典神道における魂（火）と肉体（水）による神の原理です。

すなわち、ミ（水・肉体・生命体）はヒ（火・霊・日）によってイキイキと輝くことができ、アマテラスが火・日を表すのもそのためで、古くはゾロアスター教が火を最高神の神聖な象徴として崇拝していました。

偶像神ではなく、「火」のエネルギーが最高神の神威であると感じ取っていたからこそ、そのような宗教が生まれたわけですが、これはどの宗教にも共通していて、古神道でも火の行（護摩焚き）と水の行（禊）があり、真言密教でも護摩祈禱は重要な秘法の一つです。

スサノオが海の龍神と同体なのも、水の中でエネルギーの発動＝火をおこすからで、不動明王＝蔵王権現などスサノオの系統はすべて火（霊）を喚起し、「～したい」という祈りの思念を火として発動させせます。

このように、すべての生命体（水）は日（火）に向かい、火によって生かされる、これは陰陽和合のムスビの原理でもあります。

聖書の「幕屋」や古代日本の「玉垣」は個としての生命体を維持するための器

次に、古典神道から見た「水」の働きについて述べます。

ご存知のように、人間の身体は約80％が水分ですが、自然界の鉱物などにも水分が含まれています。

そして、生命体を維持するためには細胞が基本で、その細胞は外側と内側を細胞膜で仕切られることによって独自の環境を持つことができ、これが生命の誕生に繋がりました。

わずか5～6㎚ほどの薄い膜があることで、内と外とでの物質のやり取りによって細胞内部の状態が維持でき、この細胞膜が機能しないと個としての生命体は死んでしまいます。

この細胞膜が膜として安定していられるのは、細胞の中の水の力によります。これは皮膚などの肉体だけでなく、私たちの意識も細胞膜と水の働きによって生じているのです。

つまり、アクアのクニの中で個体として存在するためには水と細胞膜が不可欠で、古典神道の霊学から見ると、その個としての生命体を維持する膜の拡大版が、聖書における「幕屋」であり、古代日本の「玉垣」に当たります。

聖書に出てくる幕屋は、祭祀を司るレビ族が運んだ移動式の神殿で、四角形の天幕（テント）のことですが、角の鬼門から邪気が入らないように四方を払ってから（スパークを起こす）幕屋の中で手と足を洗って禊をします。

そして、それと同様のものが日本の「玉垣」（八重垣）です。

スサノオが詠んだ前述の和歌の中には、それがはっきりと示されています。

「八雲たつ　出雲八重垣　妻ごみに　八重垣つくる　その八重垣を」

スサノオは、妻クシナダヒメを伴って出雲国のスガ（須賀）という土地に宮を建てた際、幾重にも出雲の雲（水）をめぐらして垣と成し、その中に妻を置こうと述べた歌ですが、この八重垣は無数の雲によってできる玉垣のことで幕屋と同じです。そしてその玉垣の中に水神であるオカミノカミ（淤迦美神）を降ろしたのです。

この水神（龍神）は「高龗神（タカオカミ）」ともいわれ、筆者の地元である東大阪市の五条八幡宮の石碑にも記されています。

つまり、スサノオ（火の神、のちの不動明王）は、最初に神話の中で、幕（膜）と水から成る玉垣、すなわち「個の生命体としての器」（イエやクニ）を設けることによって、陰陽（夫婦）和合を祈念しているのです。

この歌は世界で一番古い和歌ですが、この31文字に生まれてから死ぬまでの人生のすべてが込められており、これを女性性の象徴であるアマテラスではなく、男性性の象徴たるスサノオが読んだことが重要で、これが古典神道から見た『古事記』の摂理です。

つまり、水神であるオカミノカミはすべての存在を潤す母性の象徴であり、幕屋という大切な器（イエやクニ）の中には聖なる母性がしっかりと宿っていなければならない、母性という核があってこそその中にいる者たちの調和と平穏が保たれる、ということです。

銀河のククリヒメのエネルギーが地球人類の和解と統合を促している

また、古典神道では、「ムスビ」（結び）と「循環」を重んじます。ムスビは「霊を産む」と書くように、異質・対極にあるもの同士を融合させて新たな創造をもたらすことです。

今、地球の再生、新たな文明の創生が求められているのは、宇宙レベルでのムスビが促されているからです。

アマテラスは太陽系の主宰神ですが（太陽は一つではなく銀河系にはたくさんの恒星＝太陽があります）、数年前に私が得た天啓によると、銀河系の冥王星（以前は太陽系第９惑星とされていた）の主宰神はククリヒメで、宇宙ではククリヒメがいろんなエリアを結ぶお役目を担っているようです。

その影響で銀河系全体に「括る」＝結ぶエネルギーが渦巻いていることから、私たちがいる太陽系にもその影響が及んでいて、地球人類が分離・対立から和解と統合に向かうようククリヒメのエネルギーに促されているのです。

とりわけ、古典神道は現場主義なので、さまざまな場面においてムスビの実践が求められます。

人間関係や社会においても異質なものやいわゆる「悪」とされる存在さえも排除したり攻撃するのではなく、光一元の原理に則って和合させることが大事で、そのために相手を力づくで従わせるのではなく、言霊を使って言向けやわす、つまり心を尽くして説得することです。

これは、過去世の因縁、たとえばかつて敵同士で殺し合った関係でも同様で、そのような相手と出会うのはあくまで和解のためです。

このムスビの原理を象徴するものが、日本の伝統的な「組紐」です。

美しく染め上げられたさまざまな色の絹糸が織りなす組紐と同じように、異なる人種や文化を慈愛の心で一つに織りなしていく、これが神の望む美しい地球の姿です。

これは、本来は一つながりの者同士を円滑に循環させることでもあり、この「循環」を促すのがスサノオの働きです。

前述したように、天上の神々から「大海原を知ろしめせ」と命じられたスサノオは、アクアの星（水の惑星）の上にユートピアをつくるために世界各地に命の水を豊富にもたらし、山に木々を植えました。

そして、龍神と共に雨を降らして森の草木や大地を潤し、その養分が川から海に流れ込んで、海の中の生き物たちを育てると同時に、その海の水が蒸発して雨となってまた地球に降り注ぐ……その循環のサイクルを司ったのがスサノオでした。

この時に働くのが前述した水神であるオカミノカミ（淤迦美神）で、オカミ＝龗とは龍の古語です。

つまり、空中に漂う狭霧（さぎり）を「高龗（タカオカミ）」といい、この細かな霧が地上に降りて「水波能売（ミズハノメ）」になり、そして地下で浄化されつつ栄養分を含む「闇龗（クラオカミ）」となって海に流れていく……。

これが水神（龍神）の働きで、その水循環を促しているのがスサノオ、まさにそこには宇宙・大自然の摂理があるのです。

では、古典神道ではその大宇宙をどのように捉えているかというと、「正八面体」の構造や8の数字などで示しています。

八百万の神々、大八島、ヤマタノオロチを退治した8つの門と8つの酒桶、八角形の高御座、天皇陵などの八角形の古墳、仏教でも八大菩薩、八大龍王、八角堂、八解脱、キリスト教でもノアの方舟に乗った人間は8人、キリストが復活したのは8日目、風水で用いる八角鏡も八方向に広がる宇宙空間全体を表しますが、これらは縄文から続く古典神道の霊学が世界に波及したためで、八は森羅万象、無限に広がる宇宙のシンボルなのです。

仏教では『華厳経』の蓮華蔵《れんげぞう》世界、密教の胎蔵界曼荼羅でも中心に八弁の蓮華の上に大日如来がいて、周りに四仏・四菩薩が配置されていますが、いずれも大悲の仏の世界、つまり大宇宙を八葉の蓮華に例えて表現しており、これは古典神道と同じ宇宙観です。

古典神道では、これを「四重八層《しじゅうはっそう》」といいますが、天界の四面体と地上界の四面体の2つのピラミッドを上下に重ねた正八面体の形になり、これが無数に広がる宇宙の構造です。

弥勒菩薩・沖縄のミルク神のルーツは古代ペルシャのミトラ神

こうした宇宙観は、過去の覚者たちが銀河系の果てまで行き、過去・現在・未来は今・ここに畳み込まれており、すべての出来事は調和と循環の中で生じていることを知ったからで、その摂理を後世の人たちに示すために曼荼羅や正八面体の形として残したのです。

この調和と循環の摂理に則って生きることが長老民族の特徴であり、この自然の摂理を広く世界中の人々に伝え、共に分かち合うことが初国を知らすことです。

そのように自然と共生する生活様式は、まさに弥勒の世の人の生き方でもありますが、その弥勒の世を築く決意を高らかに宣言したのが弘法大師空海でした。

空海は最後に入定する際、「56億7千万年後に弥勒菩薩が成道するまでの間、一切衆生を天上界より見守って弥勒とともに兜率天《とそつてん》から下生する」という誓願を立て、今も高野山金剛峯寺の奥之院で禅定しているとされています。

その弥勒菩薩のルーツは、古代ペルシヤのミトラ神です。

ミトラとは、極まった火の神＝太陽神で、強い愛の力を示しており、慈愛・友愛・契約などがミトラの教えです。

古代ミトラ信仰は、西のローマ帝国におけるミトラ（ミトラス）教や、東の中央アジアにおける弥勒菩薩信仰へと引き継がれていきました。

しかし、ローマ帝国がキリスト教を国教にしてからは弾圧を受けるようになり、マリア信仰や初期のキリスト教に取り入れられたために、キリスト教の教会の地下にミトラの神殿が残っているところもあります。

キリスト教が取り入れたミトラ教の習慣は、洗礼、日曜日の神聖視、厳格な道徳律、禁欲と純潔の重視、大洪水伝説、霊魂の不滅説、天使、冬至の祝祭（クリスマス）などですが、キリスト教がヨーロッパ各国に浸透していく中で、抑圧されたミトラはマニ教やイスラム教、神智学（秘教）の中に習合されていきました。

一方、東に向かったミトラ信仰は、中央アジアやインドを経てヒンズー教や大乗仏教に習合され、その後中国に伝わって弥勒教になり、道教などとも習合しながら朝鮮半島を経て聖徳太子の時代に日本にやって来ました。

集落を練り歩く弥勒行列（『琉球新報』より）

それが弥勒菩薩信仰や観音信仰となったわけですが、ようするに、乙巳の変の頃に日本に入ってきたのは生粋のインド仏教ではなく、ペルシヤ系の仏教だったのです。

これは元々ミトラ信仰が救世主（メシア）思想だからで、この救世主が現れることによって千年王国が訪れるという思想は世界の王家にも広がっていったわけですが、今でも沖縄地方で見られる「ミルク信仰」も元を辿ればミトラ神です。

ペルシヤからベトナムや中国経由で伝搬してきたために、ミトラ↓ミロク↓ミルクとなったようですが、このミルク（ミロク）が神々の住むニライカナイ信仰と習合して、年に一度東方の海上から五穀の種を積んだ神船に乗ってやってきて豊穣をもたらしてくれる来訪神となったのです。

そのため、沖縄では豊年のことをミルクユー（弥勒世）とかミルクユガフー（弥勒世果報）などといいますが、そのミロクの仮面が布袋の顔をしているのは、日本経由ではなく、布袋和尚を弥勒菩薩の化生とする中国南部の弥勒信仰がルーツだからだと考えられます。

スサノオ系の神々がみな憤怒の形相をしている理由《わけ》

広隆寺の弥勒菩薩像はとても穏やかでやさしい表情をしていますが、これは大衆にとって救世主は慈愛に満ちた女神のような存在であってほしいという願いが反映されたものだからで、実際のスサノオの系統の神々はどれも憤怒の形相でやさしい女神の姿ではありません。

その代表が毘沙門天です。物部氏と蘇我氏の争いの際、聖徳太子が戦勝を祈願した時に天から現れた毘沙門天は、とても勇ましい武神の表情をしています。それは日本の仏教や国を守ってくださる最強の仏だからです。

毘沙門天王信仰の総本山・信貴山
朝護孫子寺

金峯山寺の金剛蔵王大権現

甲冑を着て、片手に槍、もう片方の手にはお釈迦様の遺骨が入った宝塔を持ち、表情は見る者を威嚇するような忿怒相ですが、この毘沙門天像を拝む者は十の福を授かるといわれています。

また、役行者が熊野

の金峯山で感得した蔵王権現にしてもしかりです。末法の世の衆生を救済するために出現した、過去・現在・未来を現す釈迦如来、観音菩薩、弥勒菩薩はどれもとても激しい表情をしています。

私が継承した山蔭神齋の天国之宝剣《アマクニノホウケン》「アチマリカム」は、佐伯氏の末裔の空海による成田山新勝寺の本尊である不動明王や、東寺の不動明王坐像なども同じように伝承を受け継ぎ、とても険しい表情で万物を守護しています。これは当時の時代背景とも関係しています。

東寺は、時の嵯峨天皇から任命された空海によって真言宗の総本山として建立されました。東寺に納められている不動明王坐像は839年に造像された日本最古の不動明王像ですが、右手に持つ剣は諸刃であり、刃は外に向いています。

これは、不動明王が命がけで人々を救おうとしているからで、救われる人も命がけで向き合わなければならない、それだけ不動明王は慈悲深いからこそ厳しいまなざしで人々を律しているのです。そしてその実は、天下無双の宝剣を抜いただけで万物を平定する力を持っているのです。それこそが「むら雲」＝

「草なぎ」の由来です。

当時は、朝廷や天皇家が藤原家との権力争いに翻弄された時代で、しかも毎年のように異常気象や流行り病が繰り返し起きていました。

そのため、京都の河原には疫病で亡くなった人の死体が積み上がっていたそうで、そのような混乱期に苦しむ大衆を救うために彫られたのが不動明王です。

その表情には「あらゆる障害を打ち砕き、必ずや一人残らず救済する」という宇宙根源神である大日如来の化身としての祈りが込められているのです。

何としても人類の目覚めを促す、その覚悟を持ってこの世に留まる阿羅漢たち

スサノオの化身（霊統）である牛頭天王も同じです。

牛頭天王は、インドの祇園精舎の守護神として、また中国を経て仏教の守護神として日本に伝わりました。

祇園牛頭天王荒魂図

日本では神仏習合の神とされ、中世には牛頭天王が8人の子を眷《けん》属神《ぞくしん》として従え、あらゆる人間の吉凶を司る方位の神として全国に広がると共に、八王子の地名の由来にもなりました。

憤怒の形相で疫病退散を祈願し睨む牛頭天王＝スサノオは、青森のねぶた祭などにも登場しますが、見るからに圧倒的な迫力を放っています。

このように、憤怒の表情が多いのは、スサノオ系の魂たちが救済すべき対象がこの世の災いや苦悩に翻弄される人間だからです。

とりわけ、この3次元社会では、愛があるがゆえに憎しみや妬みが生じ、そこでさまざまな人間関係のもつれや因縁、執着が生まれます。

そのような人類の歴史の積み重ねの中で溜まった過去の因縁や災いから人々

を解放し、魂の覚醒へと導くには、表面的なやさしさだけでは到底叶わず、慈愛に裏打ちされた強い憤怒の思いがなくてはならない、蔵王権現や不動明王の表情はそのことを物語っているのです。

迷える衆生を救済するといえば、阿羅漢《あらかん》も同じ役目を持っています。

阿羅漢（羅漢）とは、衆生を導き救済するための最高位の修行者で、覚者のことです。

お釈迦様が入滅される前、16人の阿羅漢を枕もとに呼んで「如来のように涅槃に行くのではなく、永久に人間の世界にあって、人々が徳を養い仏門（悟りの道）に入るよう手助けをしてあげなさい」と諭され、阿羅漢たちはそのためにこの世に残って修行を続けたのです。

これを、悟りの後の修行、悟後の修行といいます。

また、羅漢は「一切の煩悩を断尽して尽智を得、世人の供養を受くるに適当なる聖者」ともいわれます。つまり、これ以上学ぶものがない（無学位）高徳な仏道者たちで、十六羅漢や五百羅漢がよく知られています。

言うならば、何としても青人草たち（人類）の目覚めを促す、その覚悟を持ってこの世に留まっているのが阿羅漢で、決して自分だけが悟れば終わりというわけではなく、未来永劫スメラと共に菩薩行に励むことがスサノオ系の魂たちの役目なのです。

日本には、今、このようなスサノオの魂を持つ人たちがたくさん生まれてきています。

長老民族として、人類のさまざまな歴史と多様な過去世の記憶を持つがゆえに、どうすれば人々の因縁を解くことができるのか、人々を覚醒へと導くにはどうすればいいか、彼らの魂はそれを知っているはずです。

だとすれば、その記憶を呼び覚まして自ら動き出す、それが〝今〟です!!

第7章　スサの魂たちよ、万国スメラの世を開け!!

地球はオリオン（物質）とシリウス（精神）の統合をはかるための星

弥勒の世の礎を築くために生まれてきたスサノオの魂たちは、深い慈愛の心と共に不動明王のような切れ味の鋭い刀のような非常に激しい性質を持っています。

迷いや分離の中でもがき苦しむ者たちを救い出すためには強力なパワーが必要だからですが、宇宙的な視点から見ると、そもそも地球自体に対極関係に当たるオリオンとシリウスを繋ぐ役目があります。

オリオンは物質的・男性的な領域を司っており、シリウスは女性的でスピリチュアルな領域を司っていて、その2つのエネルギー（陰陽）を一つに重ね合わせた星が地球です。

いわば、地球は陰陽和合の実験場で、それゆえシリウス（精神）とオリオン

（物質）のどちらの要素も必要で、地球はその2つを統合するための星です。

なぜなら、魂の成長には物質界でのリアルな体験が必要だからで、輪廻転生によってさまざまな体験を繰り返すことによって魂の器を大きくしてゆく、つまり、物質界は魂を育てる学校のような場所なのです。

地球学校の中にはいろんな学年や教室があり、その中で最も魂が成熟しているのが最古の文明を築いた初国日本の長老民族です。

地球の中でも、シリウス系の魂たちは龍蛇族、オリオン系の魂は鬼族で、出口王仁三郎はオリオン系（瑞《みず》の身魂）でした。

王仁三郎がオニと呼ばれていたのもそのためですが、王仁三郎自身が「自分はオリオンから来た」と語っており、背中にはオリオン星座と同じ配置のホクロもあったそうです。

その王仁三郎（オニ）が開いたのが、地球の表鬼門（北東）に当たる「艮《うしとら》の金神《こんじん》」です。

古典神道家の間では、その次の岩戸開きが近いとされていて、最後の仕上げである裏鬼門（南西）の「坤《ひつじさる》の金神」を開くことができれば、晴れて陰と陽が揃うことになります。

艮と坤は、方位神《ほういじん》と呼ばれる方位を司る神々の中で、ちょうど真反対に位置する方位神です。

つまり、地球の陰と陽が和合した時に神が通る、これを「神通」といいますが、この時に弥勒の世の扉が開くわけで、銀河のククリヒメのエネルギーの後押しもあってその地球レベルの括りの時期はかなり近づいてきています。

実は、第4章の沖縄の話の中で述べた「裏鬼門を開いた」というのはこのことです。

詳しい経緯は割愛しますが、２０２３（令和５）年9月26日に一般人は立ち入ることができない沖縄天願（アメリカ軍基地内）の霊化森（レイカムイ）を開くことができたのです。

そこで重要な鍵を握っているのが、これまで人類の罪穢れを一身に引き受けてきた古い魂の日本民族です。

その最たるものが広島・長崎の被爆体験だったわけですが、その被爆地である広島出身の岸田総理が今年初めてG７の議長国を務め、広島サミットが開催されたのも「坤の金神」が開く時期が近いことを示唆しています。

小さい頃から修験道の世界で生きてきた私が、万国スメラの権限をいただくご神事を執り行った後、はからずも朝廷祭祀を担ってきた山蔭神道の80世を継承させていただくことになったのも、まさに裏と表を結び合わせるお役目を授かった神仕組みとしか思えません。

山蔭を継承する際、四條家からいただいた系図には山蔭氏のご先祖は富山の石黒家筆頭家老で藤原家の血筋、さらに遡ると神功皇后を補佐した武内宿禰や宇宙創造神アメノミナカヌシに至ることが示されており、大和朝廷との深い繋がりを感じざるを得ませんでした。

だからこそ、今、裏の出雲王朝に光を当てることが重要で、そしてそれが出雲と伊勢、ひいてはシリウスとオリオンの和合にも繋がるのです。

また、私は古典神道の霊学だけでなく実学としての道も歩んできていることから、政治家やトップクラスの科学者らとのご縁もあります。

なので、親しい国会議員に対しても「政治の世界でも内輪揉めしている時代ではない！　今まさに弥勒の世を迎えようとしている時に中で揉めている場合ではない。是々非々はあっても内側では手を組まなくてはいけない。外ではゴタゴタがあってもアンダーでは愛を持って根っこでは繋がっているべきだ」などと常々語っています。

これは、天と地をしっかりと繋ぐことによってこそ青人草の魂の覚醒が成されるからで、理想論を掲げるだけでは世の中は変わらない、だからこそ政治家や科学者たちとも対話を続け、「なぜ今、このようなことが起きているのか？」その深い意味をお互いに共有しあっているのです。

1400年以上の歴史を誇る世界最古の日本の会社は「組」で成り立っている

とりわけ、今、世界の指導者たちに必要なのは「自国だけの平和や繁栄は決してあり得ない」という認識を持ってもらうことです。

なぜなら、地球は多様な民族国家が織りなす一つの形魂《かたたま》だからです。

7色の虹のように、多様性（＝色）と同質性（＝光）が同時に存在している美しい水の惑星、それが初国の姿であり、未来の弥勒の世です。

それは個と全体のバランスが取れ、結びと循環のエネルギーに満ちたイキイキとした社会であり、本来の地球人類（五色人）としてのあり方です。

その本来の形魂に戻すためのリーダーの資質が、各国のトップや政治家たちに求められているのです。

つまり、ディープステイト（DS）が目論んでいる、すべて一色に塗りつぶすような一元管理のワンワールドではなく、各々の能力や個性を活かしながらみんなで一つの地球連合体になるということ。

そこに導く役目がスサの魂を持っている人たちです。もちろん、そのような魂は日本だけでなく、海外にもたくさん生まれてきています。

とりわけ、長老民族である日本人は遥か昔からそのような世界の中で生きていました。

古代の倭人は、他民族を力で支配するのではなく、世界に貢献できる技術や文化によって和の外交を行ってきたのです。

また、昔から日本人が大事にしてきたのは「〇〇団」ではなく、「〇〇組」の文化です。

その最たる例が「金綱組」です。金綱組は、聖徳太子が四天王寺を建築するために百済から3人の宮大工を招き、その中の一人金剛重光が創業した建築会社です。

創業は西暦578年、1400年以上もの歴史を誇る世界最古の会社ですが、その金綱組では匠の技を伝えるために次のような取り組みを続けているそうです（金綱組のホームページより）。

金剛組には専属の宮大工によって結成する「匠会」という職人組織が存在しています。金剛組が、1400年余りの間、弟子から弟子へと伝えてきた技を、さらに次の世代に伝えること。これが、匠会の最大の目的です。「匠会」では、たがいに教えあい、学びあって、ともに若い大工を育成していきます。また、日頃の交流を通して、お互いの親睦を深め、切磋琢磨し、金剛組の宮大工としての一体感を高めていきます。

この匠会では、関西5組、関東2組の宮大工たちが金綱組の仕事を担い、飛鳥時代からの匠の技術を受け継いでいるのです。

だからこそ後世に高度な技術が継承され、神社・仏閣の修復なども何百年に一度の修復で済むわけですが、そこには技術と共に心も磨き続ける長老民族らしい美しいしきたりがあるのです。

このような素晴らしい「組」のルーツは、古史古伝のホツマツタエに登場する「御機織留之御紀」(ミハタオリトメノオンフミ)にあります。

ミハタオリトメノオンフミとは、国生み神話の中でアマテル神(アマテラス)が孫のニニキネ(ニニギ)に「八洲《やしま》めぐれ」とお触れを発した際に手渡した詔《みことのり》で、そこには次のような内容が書かれていました。

それぞれの人間はいろんな色を持っている。その色を組み合わせることにより、より強くて多彩な糸や紐ができる。それをさらに撚り合わせていくと美しい生地ができる、と。

国境とは人々のエゴと恐怖がつくりだした蜃気楼

生地を重ねれば服ができ、色とりどりの服が多様な文化と伝統を育んでいきます。

これは組紐と同じ、多様なるものの美しき和合です。

では、なぜそのような和合が可能なのか？

古典神道の光一元の原理が示しているように、元々はどんな存在（色）も一つのもの（光）から分かれて生じているのであって、八洲、すなわちどの国もみな同じ神の組としてお互いに結びあい、切磋琢磨しあう関係だからです。

もちろん、これは現代にも当てはまります。それができないのは、人為的な国境に縛られているからですが、国境というのは人間のエゴと恐怖がつくりだした幻想、蜃気楼に過ぎません。

しかし、現代人は国境の内側はすべて「自分たちのもの」だと思い込んで、自国の国益ばかりを求めすぎて、資源や領土の奪い合いになっています。

このまま争いを止めなければ、領土にしても、食糧や水、エネルギー資源にしても戦争やテロによって奪い合いがピークに達し、人類全体が滅びに至ることは必至です。

そこで、それぞれの国の指導者や国民が、国家エゴや民族エゴを超えていかに共存共栄できるか、みんなでユートピアをつくることに貢献し合えるかを真剣に考え、できることから即実行に移す必要があります。

本来の国威や外交とは国家エゴの主張ではなく、他国に貢献することによって信頼を得ることだからです。それが不信感から不必要に拡大し続ける軍事力や核兵器などの開発競争を止め、相互信頼に基づく平和外交に繋がるのです。

とりわけ、有史以来、何度も同じ過ちを繰り返してきた歴史の中で、さまざまな経験を積み重ねてきた長老民族である日本人は、トラブルの仲裁者になれるはずです。

ですから、日本はこれまでのように何でもかんでもアメリカの言いなりになるのではなく、各国間の争いを解決に導く調整役になるために中立公正な立場と自主外交を貫く必要があります。

中には、トランプ元大統領を救世主のように崇める向きもありますが、そのトランプ氏もパレスチナやイランに対して強硬路線を取るイスラエルに忠誠を誓うような政策を実行していることからもわかるように、決して世界平和の使者とはいえないでしょう。

トランプ氏を支持しているアメリカのキリスト教福音派（原理主義者）は、終末における世界最終戦争ハルマゲドンを待望しており、その信仰の原点は神対サタンの善悪二元論です。

もちろん、福音派の根強い支持を受けているトランプ氏には、ディープステイトの闇を暴露し、彼らに戦いを挑む抵抗勢力としてのお役目はあるでしょう。しかしいずれにしても、欧米型の資本主義は共産主義と同様、実質的には権力者による独裁政治であり、その根底にあるのは唯物論や善悪二元論です。

善悪二元論は、必ず「敵」を必要とするため、軍事力の拡大や兵器の開発競争などから最終的に戦争に至ります。そこには常に「敵か、味方か」しかないからです。

現に、世界は今そちらの方向に急激に進んでいるだけに、仲裁に入れる国が「待った！」をかける必要があり、それができるのは日本しかいません。

ようするに、外交においては、他の国々、そして神様のお役に立てるかどうかが大切で、それこそが長老民族が率先してやらなくてはならない型示しです。

そして、それぞれの国の人々が他国に対する貢献のために技と心を磨きあい、協力しあって新たな地球文明をつくっていく、それが初国への原点回帰です。

そこで大事なのが神の子＝青人草としての自覚であり、これまで述べてきた自然の摂理に則った生き方や生活様式です。

ここでもう一つ付け加えるとすると、「間」も大事です。

間は呼吸の取り方でもありますが、社会に出れば息が合う人ばかりとは限らないので、間を上手に取って、争ったり揉め事を増やさないことが大事で、それが常に自分が自然体でいられる秘訣です。

波動の違う者同士はどうしてもかみ合いにくいので、間合い＝スペースをはかる、これは対人間だけでなく、神仏に対しても同じです。

「間に合う」という言葉は適切なスペースを空けるということで、「間抜け」

はそのスペースがない、それゆえ物事がうまく運ばなかったり、せっかく神仏が手を差し伸べてくれていても自分のほうでスルーしてしまうことになるのです。

武道の熟練者が間の取り方が上手なように、相手や神仏との間の取り方を意識しながら経験を通して上達していければ、物事がとんとん拍子にうまくいくようになり、自分からガツガツ求めなくても必要なものが必要な時に向こうからやってくるようになります。

これは私自身の実体験から述べていることですが、間の取り方が上手な人ほど神と息が合うので本体意識（直霊）で行動できるし、他者に対しても貢献できるのは確かです。

神を信じていれば何が起きても不安になる必要はない

古典神道は生活様式現場主義です。そこで現実社会に目を向ければ、今後の喫緊の課題として、経済や健康、食糧問題などが懸念されます。

先ほど循環について少し触れましたが、経済においても循環が必要です。

お金は天下の回りもので、他者と積極的に交わることによってお金は回ります。

無駄使いはしなくてもいいですが、必要と思うものはお金を使って買えばよく、そうすれば循環が起きます。なので、人が他者のために何かをすると３倍の力が出て、３倍のものが返ってきます。

人は不安や怖れが大きいほど何でも溜め込む習性がありますが、本当に神を信じているのであれば必ず弥勒の世はやってくるので、何が起きても不安になる必要はありません。

特に自分の使命をわかっている人はお金を使うほうがよくて、八百万の神というように、微生物もウイルスもすべてが神、神はいたる所にいるのでそれを信じていれば不安や怖れがなくなって万事うまくゆくのです。

ただし、ちゃんと使命を果たしていないとお金は必要とされないので、回ってきません。

また、神を信じきれていないと「本当にそんな理想社会なんてできるのか？」と疑いが生じ、自分のことだけ考えて人のために何かをしようという気持ちもなくなるので、循環の輪にブレーキがかかります。

反対に、人のためにつくし、自分の役目を果たしていれば必ずお金は巡ってきます。

ようするに、「私が、私が」という我を戒めて利他の心で生きていれば、大きな神の一部になって循環の流れを促せるということです。

これらのことを頭で理解するだけではなく、自分なりに実践することが重要です。

とりわけ、今は物価の高騰や公共料金の大幅値上げなどで購買意欲が低下しており、消費者マインドが冷え込むと物が売れなくなって企業の業績が悪化して不景気になり、給料やボーナス、投資も減って経済の悪循環が起こります。

つまり、景気が良くなるのも悪くなるのも人々の「気」次第、気持ちの持ちようなのです。

ですから、国の指導者や政治家も、国民の気持ちが明るくなるようなビジョンや政策を打ち出す必要があります。これから日本人は何を目標に生きていくのか、子や孫に何を残し、どんなバトンを繋いでいくのか、そこに長老民族としての魂を吹き込むのです。

とりわけ、国政に携わる国会議員は、国家の存亡に関わる人口減少を食い止めるために、若い世代が希望を持て、子育て世代が安心できる思いきった政策と明るい将来展望が持てる明確なグランドデザイン（国家構想）を示すべきでしょう。

そうすれば、消費態度や投資意欲が改善し、お金の循環が起きて景気も良くなるはずです。ようは、みんなが一体となって弥勒の世をつくるんだ！という気概と信念が問われているのです。

ワクチンを接種するほど感染拡大が起き人類史上例を見ない薬害が起きている

次に健康問題ですが、未だにコロナの影響を引きずっていて、特にワクチンの副作用が大きな問題です。

コロナのパンデミックによって人・物の動きや経済活動が強く制限され、世界的に前例のない経済の低迷を招きましたが、欧米の大手製薬メーカーだけはぼろ儲けしています。

特にワクチンが売れた米ファイザーは、２０２１年の利益が約２・５兆円に上るそうです。

賢明な読者は何が言いたいかおわかりでしょうが、インフルエンザ検査キッドの開発者で私の知人でもある村上康文教授（東京理科大学名誉教授）は、コロナのｍＲＮＡワクチンの最大の問題は「異物であるウイルス抗原を体の細胞内で作らせる」として次のような警鐘を鳴らされています。

●コロナmRNAワクチンを接種すると、初期には体中の細胞で作られたスパイク蛋白のもつ毒性、またはスパイク発現細胞に対する免疫細胞の攻撃による副反応が起こる。

●次に免疫抑制による影響（がんの急速な進行、帯状疱疹、肺炎、その他の感染症に罹りやすくなる）が半年くらい続き、免疫抑制がとれてくる半年後くらいからは自己免疫疾患が増加してくる。

●ワクチンを接種するほど感染拡大を起こし、人類史上例を見ない薬害が起きている可能性が高いことから、あらゆるmRNA型ワクチンの接種を即座に中止するべきである。

●もともと日本人は抗体を持っていたのでワクチンは必要なかったし、ワクチンを打っても効果はない。

そもそも、欧州会議でコロナウイルスは1960年代に開発された生物兵器だったという証言（デヴィッド・マーチン博士）も出ているとの情報もあります。また、ワクチン接種による実際の被害者数は報告件数の30倍と見られ、日本でも梅毒や帯状疱疹が増加しており、アメリカでも２０２１年からがんの発生数が急増しているそうです。

村上教授は、ワクチン接種による免疫抑制・感染拡大などの事例が実際に起こっているエビデンス（根拠）に基づいて次のように述べています。

「米のメディアではすでにｍＲＮＡ型ワクチンのデメリットにフォーカスした報道を活発に行っている。その結果、接種者は急減しオミクロン対応型のワクチンはかなり余っている。余り物のワクチンを現在最もたくさん接種しているのは日本。世界中に恥をさらしている事態。政府が決断して接種を中止すべきである」

このように、製薬業界や医療界に精通する村上教授が、メディアが伝えないワクチン接種の裏事情を表で語り出したことは、良心があるがゆえの「膿出し」で、これも原点回帰に向けての動きだと思います。

関連動画「免疫学者の警鐘　新型コロナワクチンそのメカニズムとは」

https://twitter.com/kinoshitayakuhi/status/1670457569574526976

ここで長老民族が巻き返しをはかれれば、DSの筋書き通りにはいかなくなる

食糧危機については、一部メディアでも取り上げられるようになってきました。

その先陣を切っているのが、農業経済学の第一人者で『世界で最初に飢えるのは日本』の著者の鈴木宣弘（東京大学大学院教授）氏です。

鈴木氏によると、食糧危機はもう既に始まっていて「買いたくても買えない」という深刻な危機がすぐそこまで迫っており、クワトロ・ショックによって外国から食料を買いたくても「いくらお金を出しても買えない」という厳しい状況が起きているといいます。

クワトロ・ショックとは、次の4つの出来事を指します。

①コロナ禍での物流停滞。②中国による食料の爆買い。③異常気象による食料生産の不安定化。④ウクライナ戦争による食料・生産資材の供給事情の悪化。

先進国中（G7）最低といわれる日本の食料自給率に関しても、鈴木氏は「日本の食料自給率は37％と言われているが、タネや肥料のほとんどを輸入に頼っているため、有事などが起きて輸入が止まった場合、実質自給率は10％程度。防衛予算を増やすより先に強固な食の基盤を再構築することが急務」と述べています。

こうした現実を直視すれば、すぐに何らかの手を打つ必要があるわけで、私の講（神晃講）の仲間内でも食糧危機に備えるべく準備をしています。

神はからいによって、徳島で「一般社団法人生命《いのち》の食《しょく》」を立ち上げられた吉田哲也氏との出会いによって、みんなで自給自足のための農業を始めたのです。

吉田さんは「奇跡のリンゴ」で知られる木村秋則さんや徳島で2009年（56歳）から自然農園を始めた岡田忠弘さんの自然栽培農法に賛同し、自然栽培農法の推進や啓蒙活動をされており、私たちの畑でも自然栽培で野菜を育てています。

徳島といえば、宮廷祭祀を行ってきた阿波忌部の地元であると同時に、五穀の神オオゲツヒメの国、まさに食の原点回帰の地です。

吉田さんは食糧難対策の社会貢献事業として、「自然栽培マイスター」の育成も行っており、この取り組みも食の原点回帰に繋がるものです。

自然栽培マイスターとは、全国の市町村にあるコミュニティ協議会に自然栽培食材の作り方を指導し、食育として広めていく社会貢献事業だからです。

日本は世界一の超高齢社会で、膨大な医療費を削減するためにも自分たちの健康は自分たちで管理し、また子や孫の将来を決定づける安心・安全な自然食をベースとした食育は私たち大人が一丸となって取り組まなければならない責務です。

ですから、私がご縁をいただいたイタリア・ルネッサンスの中心地フィレンツェのあるトスカーナ州と徳島県を結ぶ食農プロジェクトも計画しているところです。

一方で、悪名高きビル・ゲイツ氏は、莫大な資産を運用して全米の農地を買い漁り、いつの間にか個人としては米国№1の農場主になっているそうですが、ここで長老民族が巻き返しをはかれれば、DSの筋書き通りにはいかなくなるはずです。

とりわけ、今年（2023年）は本来の干支でいうと「癸卯」（みずのと・う）、すなわち、これまでの努力が花開き、実り始める年です。

なので、ぜひ皆さんも初国の民として改めて禊をすることをお勧めします。

そして、これまで物質拝金主義に毒されてきた人類の生き方を大きく転換して、物質（オリオン）と霊性（シリウス）の融合をはかる、

それがスサノオの魂たち、そして長老民族が今成すべきこと、すなわち中今の使命です。

イタリア夏至の祈りの旅
1500年前の聖マリヌスの磐座で行ったご神事

折しも、今年6月には、私たちのプロジェクトフェニックス／J‐ARTが

イタリアのサンマリノ神社で行われるサンマリノ祭りに招かれ、当地で創生神楽の奉納を行ってきました。

Ｊ－ＡＲＴの活動は、15～16年前から国際交流事業として始めたもので、これまでイタリア、フランス、ドイツ、イギリス、韓国、シンガポール、ベトナム、アメリカ、ハンガリー、スペインなど世界各地で神楽の奉納をさせていただき、２０１９年にローマ・バチカンで神楽を奉納して以来、今回のイタリアの旅は４年振りの海外事業でした。

聖マリヌスの磐座

6月22日からスタートしたサンマリノ巡礼ツアーはまさに夏至の祈りで、総勢50人でサンマリノ視察と１５００年前の聖マリヌスの磐座、そしてサンマリノ最古の教会とサンマリノ神社を訪れました。

サンマリノは、イタリア国土の中にある世田谷区と同じくらいの大きさの共和国です。

サンマリノのカプチーノ教会で神楽奉納

親書交換にて文化交流（於・文化庁）

西暦３０１年に聖マリヌスというキリスト教徒が仲間たちと理想の国づくりを始め、ローマ教皇が独立を承認してから１７００年続く世界最古の共和国で、これまで一度も戦争をしたことのない平和な国です。

そして、サンマリノ神社はヨーロッパ初となる日本式の神社で、２０１１年３月11日の東日本大震災による数多くの犠牲者たちを追悼するために建立された神社です。

前回視察に行った際、私はサンマリノ最古の教会の司祭にあることを尋ねました。

それは「教会の近くに洞窟か磐座のようなものがありませんか？」という質問です。

というのは、古代日本から海洋民族・倭人が世界に散らばって岩や磐座を御神体として大切に祀ってきた文化が世界各地に残っているからです。

なので、ヨーロッパの古い教会にも必ずあるはずと思ってそう問うと、司祭は「はい、あります」と言って、その場に案内してくれました。

すると、小高い丘の上に日本と変わらない磐座があり、マリア様が祀られていたのです。

それが1500年前の聖マリヌスの磐座です。

そこで今回は、サンマリノのカデロ大使と接見した後、サンマリノ神社で奉納させていただく前に、奥の院に当たるその磐座とカプチーノ教会で奉納をさせていただくことにしたのです。

磐座では、聖水ご奉納のご神事として、初国・日本からの参加者が各地から想いを寄せ集め持って来た聖水を岩に注ぎ、祈りを捧げました。

聖水を一滴落とした瞬間から枯れかけた磐座

アドリア海での禊

がみごとに蘇るようで、その磐座の岩の隙間に持参した「アチマリカム」のお札を納めさせていただきました。

アチマリカムとは、山蔭神道に伝わる大神呪《だいじんじゅ》で、天地和合の理を表す言葉です。

地球を創生したアメノトコタチ・クニノトコタチのお力によって乱れた地球の秩序を正す、すなわち天地の秩序・道理を正す言霊のお札を磐座の中に納めると共に、およそ800年間ヨーロッパに委ねられてきた万国スメラの権限を改めて初国日本にお返しいただくための特別な祝詞を奏上させていただきました（https://fb.watch/mxM_UNOCmS/）。

こうして、聖マリヌスの磐座でのご神事を終えた後、翌日のサンマリノ祭では、麻鈴奉納、四方祓五坐、謹書、鳴動式、種放之舞、国生平国之舞、笑いの神事からなる創生神楽を奉納し、最終日にはアドリア海で禊をして夏至の祈りの旅を締めくくりました。

特に今年は世界が開いていく変わり目、そのタイミングでこのようなご神事ができたのは、まさに神はからいです。

なぜなら、サンマリノがある場所は地球の坤《ひつじさる》の方向に当たり、ここでご神事を行うことによって「坤の金神」を開くことに繋がるからです。

実際、地球儀で確認したら、サンマリノが世界地図上の裏鬼門で、沖縄の天願スサノオの洞窟も裏鬼門、同じ「坤」の方向でした。

王仁三郎が開いた「艮の金神」と対になる「坤の金神」を開くこと、これは古典神道家に課せられた大きな役目です。

前述したように、私が何としても今年中に沖縄でのご神事を敢行してスサノオの霊威を呼び起こさなくては……と思ったのはこのような経緯があったからです。

人類の知恵だけでは立ちゆかなくなった時のための大神呪「アチマリカム」

最後にまとめとして、弥勒の世を築くために必要な事柄について、古典神道から見た私なりの考えをお伝えしておきたいと思います。

まず第一に重要なことは、これまでの人類の罪穢れや未熟さを認めて反省し、地球の創造神・祖神に再びご登場いただくことです。

そのために用意されているのが山蔭神道の「アチマリカム」という大神呪で、これを唱え続けることで必ずや神様のお力添えがいただけます。

神戸平和研究所の杣浩二氏によると、この「アチマリカム」はヘブライ語では「アチマリケーム」と言い、「神様、どうぞよろしくご統治ください」という意味になるそうです。

アメノトコタチ・クニノトコタチという神様は、私たち人類の親のような存在です。

その祖神様に対して、「私たち人類はこれまで己が未熟さゆえ理想の地球を創ることが叶いませんでした。人類の小賢しい知恵だけではもう立ちゆかない状況です。どうか祖神様、再びお出ましください」と心から素直に、そして真摯に希《こいねが》うのです。

そうすることで、地球創世の記憶が蘇り、人々の目覚めが促されます。

初国の記憶、魂の記憶、何のために生まれてきたのか、それを思い出すのです。

スサノオの魂を持つ人たちが目覚めることによって、これまで黒龍だったものが金龍となって蘇り、新たな地球の縄文文明を興す原動力となるはずです。日本の金龍が率先して平和、繁栄、発展の雛形となって弥勒の世の礎となる、それが世界各地に波及して新たな縄文地球、ハックニとなるのです。

これこそ地球規模の原点回帰です。

本来、宗教はそのような元の元を教えることですが、残念ながら今の組織宗教にはそれが叶わない、だからこそ、霊性日本から光一元に返る、魂の蘇りをはかるのです。

地球外の宇宙生命体は、それを注視しています。なぜなら、今回地球がオリオンとシリウスの和合によって大調和の星に変容すれば、その愛と調和の波動が宇宙全体に広がるからです。

つまり、地球の原点回帰は宇宙維新でもあるのです。

そもそも、維新とは「一新する」「創り変える」ことであり、政治・経済的な課題としては、これまでの資本主義と社会共産主義という2つの旧体制を刷新することです。

なぜなら、資本主義も社会共産主義も物やお金の豊かさ（経済）だけを追求する唯物論的な体制であって、そこには神様の意思や神の子としての人間の役割・使命が欠落しているからです。

これは宗教や信仰の問題ではなく、より根源的な霊性開花の問題で、物質と霊性が重なりあって存在している3次元地球では、物質主義や利益第一主義に偏っていること自体が自然の理に反しているのです。

現に、西側の資本主義・民主主義国家も、ロシア・中国・北朝鮮などの共産主義・専制国家もお互いに行き詰まっていて、その内部矛盾を他国の排除や支配、戦争という形で処理をしようとするしかなく、これではいつまで経っても持続可能な理想社会など築けるはずもありません。

したがって、霊性に基づく社会体制を新たに築く必要があり、それが草木までも喜ぶ弥勒の世です。民族や国境、宗教を超えて、人類全体が神々と共に笑いあえるユートピアこそが地球維新（アセンション）であり、宇宙維新に繋がるのです。

毛穴が開くようなリアルな体験、それには日の出を拝む「日拝」がお勧め

そのために、今こそ初国の光一元の原理に立ち返らなくてはなりません。

すべての存在、全人類は元一つであり、善悪二元論や優勝劣敗《ゆうしょうれっぱい》という現代社会の風潮も人間のエゴや囚われから生じているだけで、宇宙には善も悪も、勝者も敗者もないのです。

縄文人＝古代ヤマトの倭人たちはそのような光一元の世界の中で生きていた、そこには善や悪といった価値判断や不安や怖れさえもなかったのです。

現代人が物質やお金に囚われているのは、将来に対する不安や死に対する怖れがあるからです。だから、常に「足るを知る」ことができず、今を楽しめない。

常に不平・不満・愚痴を言って、他人に嫉妬したり、人の足を引っ張ったり、弱い者いじめをする、それは本体意識（直霊）が閉じている証拠です。

初国人のように本体意識が開いていれば、今、今、今を楽しめます。常に何に対しても自由で自然体で生きられるので、どんなことが起きても神様と一緒に笑いあえる、これが神楽の神髄です。

そのように霊性を開いて不安や怖れをなくし、社会体制を持続可能なものに一新する――これが地球維新であり、本当のアセンションです。

ただし、そこで勘違いしやすいことが一つだけあります。

スピリチュアルなことが好きな人の中には、地に足がついていない人や情報を頭だけで理解したつもりになっている人も少なくなく、それだとまったく意味がないということです。

ようするに、他人から得た情報や知識をただフォローするだけで、自分自身の実体験を経ることなく、現実逃避をしている。これはメタバース（仮想現実）のゲームに夢中になっているのと同じで、身体的な学びにはなっていないのです。

この世に生まれてきたということは、魂を磨くためにあえて肉体という衣をまとい、いろんな体験を積むためです。

それが身体的な学びであり、「毛穴が開く」ような体験です。

何事も身体を使って学んだことは、気の巡りやホルモン分泌などによって細胞に記憶されるので、文字通り身体で覚えることができるのです。

特に若い世代はバーチャルな世界が身近なだけに、できるだけリアルな体験をすることが望まれますが、その点、修験道や古典神道が行っている禊や神楽、山岳修行などはとても深い体験ができて、一般の方々でも行えるのでお勧めです。

たとえば、日の出を拝む「日拝《にっぱい》」だけでもとても効果があります。

やり方は簡単です。まず朝日が昇るまで静かに瞑想をし、日が昇ったら額の前で両手の指を合わせて菱形をつくり、その中心に太陽が入るようにして太陽に向かって感謝と共に数分間拝する、これだけです。

この日拝を続けることで、ヒ（火・霊）のエネルギーが体内を満たして光と一体化してきます。また第三の目が活性化するので、物事の奥まで見通せるようになります。

これは私が「神楽道古式健康法」としてYouTubeで解説していますので、参考にしていただいてぜひやってみてください。

https://note.com/saorin_yokusuru/n/nfd314aef8b86

涅槃に至るための「八正道」とあらゆる場を清める「天地一切清浄祓」

弥勒の世を築くうえで、一人ひとりに課せられているのが霊性開花ですが、これは霊的な維新です。

神様の分霊としての直霊、この霊的発動が起きてこそ不安や怖れを手放すことができ、そこで初めてあらゆる壁を超えて大調和に至れるからです。

そんなふうに霊的に目覚めた人たちがお互いに助け合って調和していれば、かつての縄文・初国のように決して争いや戦争が起こることはないでしょう。

経済活動にしても「三方良し」の関係になって、今のように上位1%の超富裕層の資産が世界全体の個人資産の4割も占めるような、極めて歪な構造にはならないはずです。

そもそも、経済とは「経世済民《けいせいさいみん》」の略で、これは中国古典に出てくる「世を経めて（治めて）民の苦しみを済う（救う）」という語句が語源です。

つまり、民衆の苦しみを救うための経済活動であって、これこそ菩薩行、観音行なのです。

お釈迦様は、これを「八正道《はっしょうどう》」という形で示されました。

八正道とは、私たちが苦しみや執着から解放されて涅槃に至るための次の8つの実践徳目です。

正見、正思惟、正語、正業、正命、正精進、正念、正定。

これがそれぞれどのようなことなのか、ぜひどうかご自身で実践を通して確認されてみてください。

もちろん、私自身もこれを生き方の手本として常に切磋琢磨しているところです。

人類の何パーセントかが八正道を実践して、解脱できれば、必ずや弥勒の世となるはずです。

銀河系の宇宙連邦は、祖神さまと共に地球がそうなることを切に望んでいます。

それは、アメノトコタチが「この星をユートピアにする」と宣言したことによって私たちの地球が創られたからです。

銀河の仲間たちは、その約束事を今か今かと心待ちにしていて、今回こそスサノオの魂たちがその先陣を切ってくれることを願い、再び理想社会が築かれることを期待しているのです。

もちろん、その約束事を叶えられるのかどうかは、私たち一人ひとりにかかっています。

もしそのような理想社会ができれば、かつてのムーやアトランティスのような高度な科学技術を有する文明を謳歌することもできるでしょう。

重力を自由にコントロールして宇宙船でワープしながら銀河の果てまで旅したり、テレパシーを使って会話をしたり、他の動植物や自然霊たちとも楽しく交流でき、宇宙の生命体たちとも直接コンタクトして共に銀河の夜明けを祝福する——これが新たな精神文明です。

かつて、漫画家の手塚治虫が思い描いた未来の世界がすでに現実になっているように、私たちの意識が物質や重力場から解き放たれれば、それは決して不可能なことではないのです。

東京・神田明神にて創生神楽奉納　2023年8月6日

なぜなら、本体意識は3次元を超越しているから、つまり宇宙の総質量の約85%を占めるといわれている正体不明のダークマターなので、重力の制限を受けなくなるからです。

その最たるものが「神通力」です。文字通り神を通す、すると量子テレポーテーションを起こすことができるので、超3次元的な現象、つまり奇跡を起こすことも可能なのです。

もちろん、そのような高度な文明が到来するかどうかは私たちの意志と行動次第です。

まさに人類は今、地球滅亡か、それとも新たな地球創生か、そのどちらの道を選ぶのかが一人ひとりに問われています。
もし、あなたが「神の子」として生きる決意があるならば、必ずや地球創生のための救世主（セイビア）になるでしょう。
最後に、重力場を含むあらゆる空間・場を清めるための祝詞（祭文）「天地《てんち》一切清浄祓《いっさいしょうじょうはらえ》」をご紹介して、本稿を終えたいと思います。

【天地一切清浄祓】

天清浄《てんしょうじょう》　地清浄《ちしょうじょう》　内外清浄《ないげしょうじょう》　六根清浄《ろっこんしょうじょう》と祓給《はらいたま》う
天清浄《てんしゃうじゃう》とは　天《てん》の七曜《しちよう》　九曜《くよう》　二十八宿《にじゅうはっしゅく》を清《きよ》め
地清浄《ちしゃうじゃう》とは　地《ち》の神《かみ》　三十六神《さんじゅうろくじん》を清《きよ》め

内外清《ないげしゃうじゃう》浄とは　家内三宝《かないさんぽう》　大荒神《だいこうじん》を清《きよ》め
六根清浄《ろくこんしゃうじゃう》とは　其身其體《そのみそのたい》の　穢《けがれ》を祓《はら》ひ給《たま》へ
清《きよ》め給《たま》ふ事《こと》の由《よし》を　八百万《やほよろづ》の神等《かみたち》　諸共《もろとも》に
小男鹿《さをしか》の　八《やつ》の御耳《おんみみ》を振立《ふりたて》て　聞《きこ》し食《めせ》と申《まを》す

【用語解説】
七曜は、日と月、水・火・土・木・金の五星。
九曜は、七曜に日・月・食を起す2つの星を加えたもの。
二十八宿は、天球を28のエリア（星宿）に不均等分割したもの。
三十六神は、仏道を志す人を守護する36の諸天善神。

六根とは、眼・耳・鼻・舌・身・意の六つの根元。

＊この「六根清浄」と「アチマリカム」を事ある毎に何度も唱えるだけでも霊威が発動します。

おわりに

ちょうど約1年前に『古典神道と山蔭神道　日本超古層【裏】の仕組み縄文・地球王朝スサの王の末裔に告ぐ！』を上梓させていただき、おかげさまで反応がよかったことから、すぐにヒカルランドの石井社長様から「第2弾をお願いします」と声をかけていただきました。

そこで、第2弾としてこの本の出版の運びとなったわけですが、本文でも述べたように、２０２３年は本来の干支でいうと「癸卯」で、これまでの成果が実る年です。

まるで、そこを目指して神はからいが立て続けに起きてきたようで、しかも、コロナ明けで4年ぶりに再開できた海外サンマリノでの創生神楽の奉納と沖縄の伊敷先生や安徳天皇研究関係者との出会いによって、王仁三郎が開いた艮の金神（表鬼門）と対になる坤の金神（裏鬼門）を開くことができました。これからが本番です。

これは、「一刻も早くスサノオの霊威を呼び覚まして、弥勒の世の扉を開け！」という祖神様からの指令だと思います。

まさに、アチマリカム!!

絶妙なタイミングで本書を出版してくださったヒカルランドの石井健賢社長に改めて深く御礼を申し上げると共に、今回多忙な中で原稿整理を手伝ってくれた神晃講の仲間である河野実也子さんと谷嶋直美さん、そして編集と検証を手がけていただいた小笠原英晃さんに心より感謝申し上げます。

令和5年10月吉日

著者

表博耀　おもて ひろあき
山蔭神齋80世・創生神楽宗家。観光庁エンタメ観光マイスター。一般社団法人日本文化伝統産業近代化促進協議会（J-ART）会長。出雲観光大使。1962年大阪生まれ。幼少の頃より古神道・修験道を学ぶ。20代より美容師としての活動と並行して「ネオ・ジャパネスク（温故創新）」と題した独自の日本的世界観を表現する神楽や芸術作品展などの事業を各国で展開。2016年国家神道の中核・山蔭神齋80世を継承し、山蔭員英を拝命。著書『古典神道と山蔭神道　日本超古層【裏】の仕組み―縄文・地球王朝スサの王の末裔に告ぐ！―』（ヒカルランド）

■創生神楽
http://kagura.jp.net/
■ J-ART
http://neo-japanesque.net/omote.html

※私共と一緒に世界平和のための行動を起こしたい方は、J-ARTのホームページから問い合わせメールアドレスにメッセージを入れてくださいませ。事務局よりご連絡を取らせていただきます。

縄文の世界を旅した初代スサノオ
九鬼文書と古代出雲王朝でわかるハックニシラス【裏／表】の仕組み

第一刷　2024年2月29日

著者　表　博耀

発行人　石井健資
発行所　株式会社ヒカルランド
〒162-0821　東京都新宿区津久戸町3-11　TH1ビル6F
電話　03-6265-0852　ファックス　03-6265-0853
http://www.hikaruland.co.jp　info@hikaruland.co.jp
振替　00180-8-496587

本文・カバー・製本　中央精版印刷株式会社
DTP　株式会社キャップス
編集担当　TakeCo

ISBN978-4-86742-344-8

ヒカルランド　好評既刊！

地上の星☆ヒカルランド　銀河より届く愛と叡智の宅配便

[新装版]
古代天皇家の謎は「北斗八星」で解ける
著者：畑アカラ
四六ソフト　本体2,500円+税

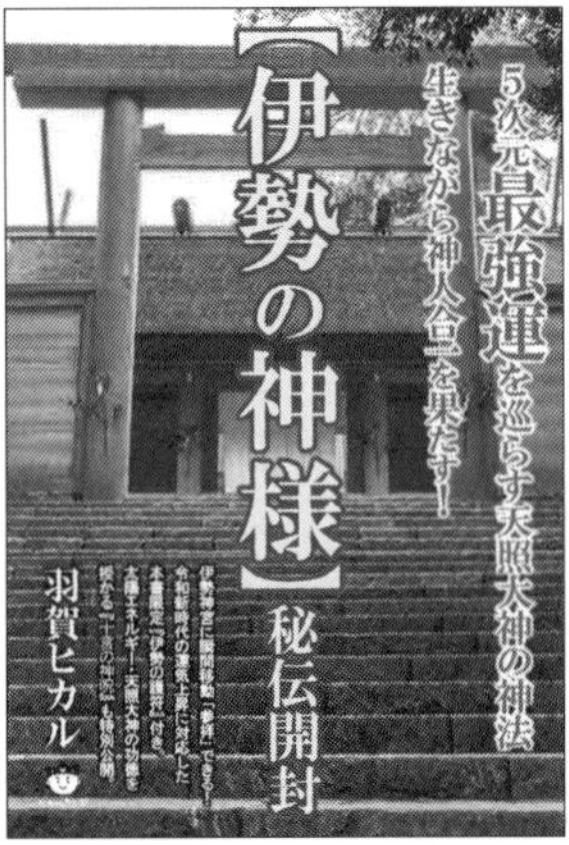

【伊勢の神様】秘伝開封
著者：羽賀ヒカル
四六ソフト　本体1,800円+税

【出雲の神様】秘伝開封
著者：羽賀ヒカル
四六ソフト　本体1,800円+税

【新装版】イエス・キリストと神武天皇
著者：茂木 誠
四六ソフト　本体1,700円+税

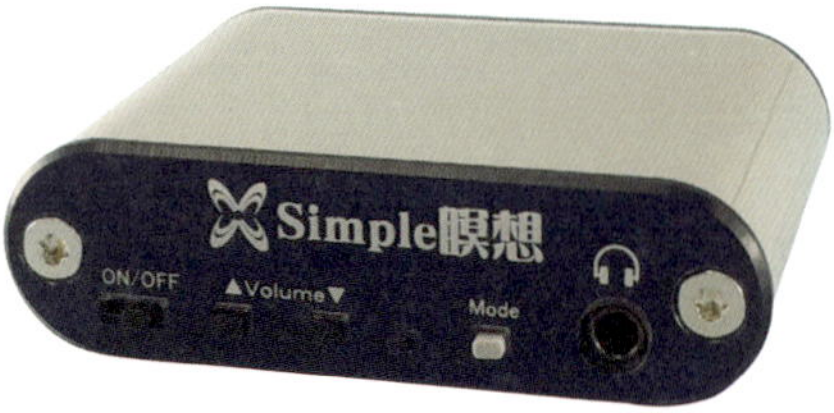
Simple瞑想
ON/OFF
▲Volume▼
Mode

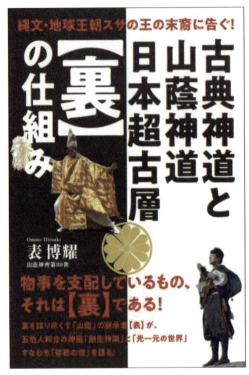